文明基因·孝 诚 爱

中小学生“四德”教育普及读物丛书

社会公德·爱德

林建宁 编著

爱别人就是爱自己

山东教育出版社

图书在版编目（CIP）数据

社会公德·爱德／林建宁编著．—济南：山东教育出版社，2014（2015重印）

ISBN 978-7-5328-8460-5

Ⅰ．①社… Ⅱ．①林… Ⅲ．①社会公德教育—中国 Ⅳ．①D648.3

中国版本图书馆CIP数据核字（2014）第124036号

文明基因·孝 诚 爱——中小学生"四德"教育普及读物丛书

社会公德·爱德

林建宁 编著

主　　管：山东出版传媒股份有限公司
出 版 者：山东教育出版社
（济南市纬一路321号 邮编：250001）
电　　话：（0531）82092664 传真：（0531）82092625
网　　址：www.sjs.com.cn
发 行 者：山东教育出版社
印　　刷：山东新华印刷厂潍坊厂
版　　次：2015年12月第1版第2次印刷
规　　格：787mm×1092mm 16开本
印　　张：6.5印张
字　　数：105千字
书　　号：ISBN 978-7-5328-8460-5
定　　价：10.00元

（如印装质量有问题，请与印刷厂联系调换）
（电话：0536-2116806）

序 言

孙守刚

为配合山东省“四德工程”建设，培育和践行社会主义核心价值观，构筑山东道德高地，建宁同志根据长期的工作实践和思考，集点滴休息时间，编著了《文明基因 · 孝 诚 爱——中小学“四德”教育普及读物丛书》。读完这套书，感到很有价值，也很有意义。

千里之行，始于足下。中小学阶段是人生成长的关键期，也是道德教育打基础的阶段。邓小平同志强调“教育要从娃娃抓起”，习近平总书记深刻指出“人生的扣子从一开始就要扣好”，这些论述深刻阐明了加强青少年思想道德教育的重要性。

在新时期，我们党提出大力培育和践行社会主义核心价值观，倡导富强、民主、文明、和谐，倡导自由、平等、公正、法治，倡导爱国、敬业、诚信、友善。这“三个倡导”24个字，是社会主义核心价值观的基本内容，体现了古圣先贤的思想，体现了仁人志士的夙愿，体现了革命先烈的理想，也寄托着各族人民对美好生活的向往。加强青少年思想道德教育，要把社会主义核心价值观作为重要内容，进教材、进课堂、进学生头脑，引导青少年从小培育和践行社会主义核心价值观。

中华优秀传统文化源远流长、博大精深，包含着人类的文明基因，积淀着我们的精神追求，是社会主义核心价值观建设的重要源泉。山东是齐鲁文化的发祥地，是孔子、孟子、孙子等古代思想家的故里，在弘扬中华民族传统美德方面资源丰富。如何适应中小学生的年龄和特点，使德育教育与数理化教学和社会实践相结合？如何使传统美德教学情景交融、落细落小落实？如何实现中华传统美德在德育教育中的创造性转化和创新性发展？这是青少年思想道德教育的一个重要课题。

本丛书的编著者以独特的视角、开阔的视野、创新的体例，进行了有益的探索和尝试。比如，一个婴儿，从出生到断奶，一共吃了妈妈多少乳汁？这些乳汁中含有什么营养成分？分子式如何写？比如，什么是“良心反抗原理”？撒谎为什么会脸红？考试作弊究竟有多大的危害？打架斗殴的成本到底有多高？比如，微笑对人体有何益处？为什么说“手巧使人心灵”？长寿村的秘密是什么？在新加坡破坏公物为什么会受到“鞭刑”？这一幕幕我们习以为常的学习、生活场景，一组组应该记住却往往忽略的数据，一道道蕴含着孝、诚、爱理念的数理化和社会实践试题，一篇篇古今中外的道德故事和经典美文，别出心裁，引人入胜，启迪思想。这套书，很好地把握了中小学生的特点和成长规律，通俗易懂，循循善诱，说理深刻，是一本青少年道德教育的好教材。

孝、诚、爱、仁，是中华传统美德的重要内容，山东目前正在深入推进的“四德工程”建设，在家庭美德、职业道德、社会公德、个人品德建设中，突出弘扬和践行孝、诚、爱、仁的道德理念和行为规范，并努力使之落细落小落实，受到了群众的广泛欢迎和热烈响应，经验在全国推广。这套书的出版发行，犹如一朵美丽的鲜花，绽放在齐鲁大地道德实践的沃土之中。

衷心期望本丛书能够在今后的道德教育和社会实践中不断完善，希望广大读者阅读本丛书有所收获、有所提高。

写在前面的话

2007年，我在山东大学做过一次题为《撬动道德文化杠杆，促进社会和谐发展》的主题演讲。演讲之前，我做了一个现场测试：一是你知道父母的生日吗？阳历？阴历？你知道你的男朋友或女朋友的生日吗？阳历？阴历？二是你经常给父母打电话吗？每周能打几次？你经常给你的男朋友或女朋友打电话吗？每周能打几次？

测试的结果，让我和在场的人都感到震撼。大多数的学生能够准确地记得恋人的生日，每周会和恋人通很多次电话，但是对父母的生日却记不准，每周给父母打电话的次数相对于恋人来说少得可怜。

看到这样的结果，我随之提出了这样一个问题：今生我们还能见到父母多少回？一个孩子高中毕业，离开父母外出上大学，一般在18岁左右，此时，父母大多在45岁左右。按照父母平均寿命80岁计算，如果每年假期回家两次，今生我们能与父母相聚不过70次！也就是说，今生我们与给我们生命、供我们上学、养育我们的父母，只有70次相聚的时机。这一笔看似简单的“回家账”，打动了在场学生的心弦，很多同学因平时没能多回家看望一下父母，流下了愧疚的眼泪。

以上提问，我在不同的场合做过多次试验，结果都是相似的。一个大学生，十几年寒窗苦读，解开了无数的数理化试题，但像“你知道父母的生日吗”“我们吃了妈妈多少乳汁”“今生还能见到父母多少回”这种最基本的“人生题”，却没能真正“解”开。这样的学生走上社会能有感恩之心吗？能树立正确的人生观、价值观吗？德育教育进学校、进课堂、进书本容易，但如何走进孩子们的心灵，需要我们深思。每想至此，一种责任感和使命感在我的心底油然而生。

七年中，我翻阅了大量古今中外的德育教材，考察了欧美、日韩等国家和港台地区的中小学生品行教育，结合工作进行了一些探索和实验，力求将看似独立的“文科道德教育”与“理科数理化教学”相结合。实践证明，这看来有点不伦不类的想法，实则是魂体交融，收效显著。

小时候，爸爸妈妈把我们抱在怀中，手臂承受的压力是多大？如何运用学过的数理化原理进行节水节电节粮？什么是“良心反抗原理”？考试作弊会引发什么样的后果？为什么说爱别人就是爱自己？国外的孩子是怎么长大的？这一个个习以为常的问号，里面就潜藏着大量的数理化试题和深刻的道德理念。

为配合山东省“四德工程”建设，构筑山东道德高地，在领导、专家、同事的关心支持下，我于2011年开始构思创作《文明基因 · 孝 诚 爱——中小学“四德”教育普及读物丛书》。通过捕捉日常生活中令人难忘的情境，引导孩子、老师和家长进入道德思考状态，使人“过目难忘”；归纳、提炼、列举出一组组人们应该记住，却往往忽略的数据，引发思考，让人“心中有数”；依据“过目难忘”的场景和“心中有数”的数据，设计若干数理化、生物和社会实践活动的试题，让孩子、老师和家长在共同解答数理化试题中解答人生课题，使德育教学鲜活生动，做到“学而习之”；链接古今中外孝、诚、爱、仁的道德故事和经典美文，开阔视野，拓展思维，达到“融会贯通”。由此，本丛书分为《家庭美德·孝德》《学业道德·诚德》《社会公德·爱德》《个人品德·仁德》四大部分。《家庭美德·孝德》部分主要展现学生以“孝”为核心的家庭生活,分为“知恩”“感恩”“报恩”三个篇章;《学业道德·诚德》部分主要展现学生以“诚”为前提的学习实践,分为“诚实学习”“重诺守信”“遵纪守法”三个篇章;《社会公德·爱德》部分主要展现学生以“爱”为理念的社会活动,分为“爱护环境”“关爱他人”“奉献社会”三个篇章;《个人品德·仁德》部分单独成册,主要介绍青少年个人品德的典型事迹。

为将孝、诚、爱、仁有机地串联起来,我们设计了“善善”和“亮亮”两个少年形象,他们是“善良”的化身。“善善”和“亮亮”通过自己的肉眼观察世事,通过慧眼发现规律,打通古今。

为使德育教育与数理化教学和社会实践相结合,使德育教学情景交融、落小落实,实现中华传统美德在德育教育中的创造性转化和创新性发展,本丛书对此进行了一些探索和尝试。因本人境界和水平所限,不足之处,敬请广大读者予以谅解和指正。

编著者

2014年5月4日于泉城

社会公德
爱德

目 录

爱护环境篇：

大自然也是我们的亲妈妈

一、水是生命的源泉

水，孕育了万物，滋养着万物。有了水，才有了各种生物的新陈代谢，才有了人类的繁衍生息，才有了生机盎然的大千世界……

活着需要多少水

过目难忘

科学实验表明，人没有食物只靠空气和水最长能存活1个月左右。但是，如果没有水，只能存活3 ~ 5天。

生物学家说：水是生命之源……

医学家说：水拯救了生命……

哲学家说：水，不仅滋养了人的肉体，而且滋润着人的灵魂……

心中有数

据推算，一个三口之家一天日常生活用水分别为：饮用水：3.6升；三餐用水：30升；洗漱用水：15升；如厕冲洗马桶用水：54升。仅以上4项，一个三口之家一天用水大概为102.6升。

有人统计，2002年我国总用水量为5497亿立方米，其中城镇生活、农村生活、工业、农田灌溉、林牧渔的用水量占总用水量的比例分别为5.8%、5.4%、20.8%、61.4%和6.6%。

学而习之

根据以上提供的数据，请作练习：

1. 一个三口之家一天日常生活用水大概为102.6升。那么，一个三口之家一年的用水是多少升？若按每个家庭有3口人来计算，全国13亿人口一年的生活用水是多少升？

2. 在古代，人们曾经利用流水来计时，(　　)是根据容器内因水流出而下降的水面，测出过去了多少时间；(　　)是根据水滴以固定的速度滴入圆筒，使得浮标随水量的增加而逐渐上升，从而显示流逝的时间。

A.“流水型”水钟　　B.“滴水型”水钟

C.“泄水型”水钟　　D.“受水型”水钟

融会贯通

每天需要多少水

科学研究指出，水是人体的主要成分，成年人身体中60%～70%是水，儿童身体内的水占到了80%以上。

人体每天流失的水大约是1800 ~ 2000毫升。健康成年人每天需要补充2000毫升左右的水，除去每日三餐从食物中摄取的1000毫升左右的水，我们每天还需要再喝1000毫升左右的水。

联合国一项研究报告指出：全球现有12亿人面临中度到高度缺水的状况，20亿人的饮水得不到保证。预计到2025年，形势将会进一步恶化，缺水人口将达到28亿～33亿。世界银行的官员预测，未来水将像石油一样在全世界运转。

背着箩筐去装水

过目难忘

在我国西部严重缺水的地区，那里的孩子们只能使用掺杂着泥沙的水，而且还要到几公里外的村子去拉。据了解，那里的村民一个月才洗一次头，几个月才能洗一次澡。

在我国很多干旱的地区，为了用水，许多大人要到几公里外的地方去拉水背水，即使几岁的小孩也得背着箩筐去帮爸爸妈妈装水。

心中有数

我国属于缺水国家。黄河自1972年开始出现断流，20世纪八九十年代尤为严重，其中1997年断流226天。根据卫星拍摄的照片分析，许多湖泊和河流存水量逐年减少。全国600多个城市中，有300多个城市缺水，其中严重缺水的有108个。北京市的人均占有水量为世界人均占有水量的1/13。

学而习之

1. 下列属于我国水资源特点的是（　　）。【多选】

A. 总量多，人均少

B. 地区分布不均，水土资源分布不平衡

C. 年内、年际变化大

D. 水污染问题严重

E. 河流含沙量大

F. 水资源利用效率低，浪费严重

G. 地下水开采过量

2. 下列关于水的说法不正确的是（　　）。

A. 水是人类宝贵的资源　　B. 长期饮用蒸馏水有益健康

C. 水是一种常用的溶剂　　D. 自然界的水都是混合物

3. 为了加强公民的节水意识，合理利用水资源，某市采用价格调控手段来达到节水的目的。价目表如下：

某市自来水价目表

每月用水量（m^3）	价格（元/m^3）
不超出5	2
超出5而不超出10	4
超出10	8

（1）若一个用户用水12 m^3，该交多少水费？

（2）若某用户3、4两个月共用水15 m^3，4月用水超过3月，两个月共交水费46元。那么该用户3月和4月各用水多少立方米？

4. 你知道雨水是怎样形成的吗？人工增雨的原理是什么？

融会贯通

缺水对人体健康的危害

人体缺水会导致皮肤干燥、弹性降低、皱纹增多，加速机体衰老。

人体中各脏器排出的废物，一般经过泌尿系统排出体外，如果人体缺水就会影响肾脏功能的发挥，从而引起尿量减少、大便干结，加重肝脏负担，影响肝脏功能。缺水还容易导致和加重白内障、心律失常、脑血栓等疾病。

当身体缺水超过体重的2%时，会感到口干舌燥；当缺水超过体重的6%时，会感到头晕、心慌、烦躁、无力；当身体缺水超过体重的5% ~ 7%时，就会出现中毒休克或意识丧失；当身体缺水超过体重的20%时，就会有生命危险。

好好的水为啥不能喝了

过目难忘

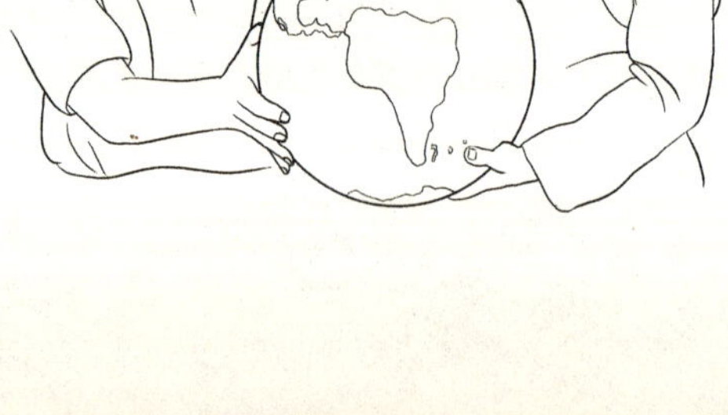

水是生命之源。但是，一枚钮扣电池就能污染约600立方米水，一粒过期药片就能污染约1800立方米水，工业生产排放的污水，农业上畜禽养殖、喷洒农药、施用化肥等都会对水资源造成污染。

心中有数

据世界卫生组织（WHO）调查表明，因水污染而患病的人约占世界所有病人的50%。在发展中国家，80%的病例和1/3的死亡率是饮用不洁水造成的。由于水质污染，全世界每年约有5000万儿童死亡，3500万人患心血管病，7000万人患结石病，9000万人患肝炎。

学而习之

1. 下图是水体污染的示意图，你能从中分析出水体污染的主要来源吗？

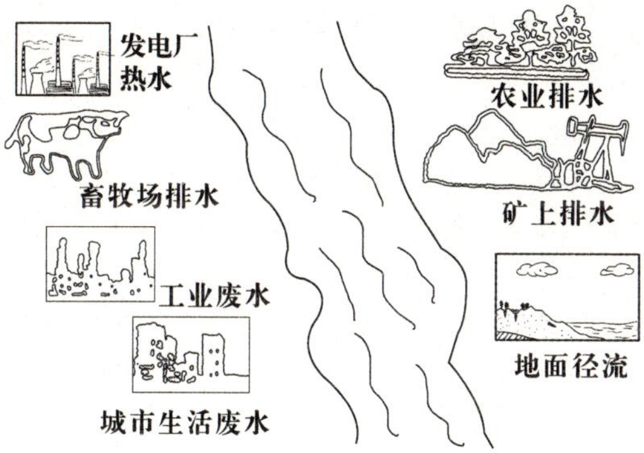

2. 下列各项能造成水质严重污染的是（　　）。

（1）生活污水的任意排放　（2）海上油轮的原油泄漏　（3）水力发电

（4）农药化肥的不合理使用　（5）使用无磷洗衣粉

A. 只有（1）（2）（3）　　B. 只有（1）（2）（4）

C. 只有（3）（5）　　D. 只有（2）（3）（5）

3. 面对湖水被严重污染，有人建议：（1）建立拦污闸，对入湖污水进行拦截；（2）将长江水引入湖泊冲洗，使死水变活；（3）利用植物的净水作用，恢复荷花、菱、水葫芦的种植，同时将植物叶茎回收，经沼气池发酵产生沼气。

从长远的观点看，你同意方案______（填序号），不同意有关方案的理由是____。

4. 在日常生活中为了减少污染，你能做到哪些？

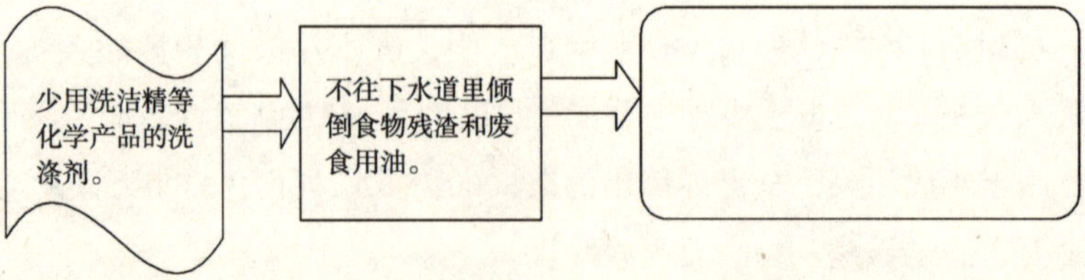

融会贯通

治污投入知多少

我国近年来环境污染治理投资情况表

年度	城市环境基础设施建设投资（亿元）	工业污染源治理投资（亿元）	建设项目“三同时”环保投资（亿元）	投资总额（亿元）
2001	595.7	174.5	336.4	1106.6
2002	785.3	188.4	389.7	1363.4
2003	1072.4	221.8	333.5	1627.3
2004	1141.2	308.1	460.5	1909.8
2005	1289.7	458.2	640.1	2388.0
2006	1314.9	483.9	767.2	2566.0
2007	1467.8	552.4	1367.4	3387.6
2008	1801.0	542.6	2146.7	4490.3
2009	2512.0	442.5	1570.7	4525.2
2010	4224.2	397.0	2033.0	6654.2

由上表可以看出，我国环境污染治理投资由2001年的1106.6亿元增加到2010年的6654.2亿元，10年间环境污染治理投资增长了5倍多。

节水从我做起

过目难忘

《北京晨报》2013年7月23日报道：北京某大饭店，因为大厅内的中央喷泉和东侧水幕墙两处用水景观使用自来水，被罚1万元；北京某学校因在工程施工中未办理2013年临时用水指标，被罚2000元；北京某大学附属中学分校一眼自备井未经批准擅自取水，且有从重处罚情节，现在依法查处中……

《北京市节约用水办法》规定：住宅小区、单位内部的景观环境用水和其他市政用水，应当使用雨水或者再生水，不得使用自来水。违规使用自来水的，责令限期改正，处1万元以上、3万元以下罚款。

心中有数

水龙头漏下的10滴水大约是1毫升。一个没关紧的水龙头如果每分钟滴30滴，那么1小时大约会浪费掉180毫升水。一个月按30天计算，一个没关紧的水龙头大约会浪费130升水，可以供一个成年人维持生命约65天。

学而习之

1. 填一填。

（1）淡水约占地球水总量的__________，可供人类直接利用的江河水、湖泊淡水以及浅层地下水占地球总水量的__________。

（2）自来水厂通常对天然水进行__________、__________、__________等操作，使之达到饮用水标准。

（3）自来水消毒通常要用氯气，下列＿＿＿＿＿药品不能用自来水配制。

Na_2SO_4　　　　NaCl　　　　$AgNO_3$　　　　$AlCl_3$

2. 水很神奇，有时候能化作朵朵白云，有时候能化为绵绵细雨，有时候又能变成皑皑白雪。

（1）水变成雪这一过程是＿＿＿＿＿变化（填“物理”还是“化学”），需要＿＿＿＿＿（填“吸热”还是“放热”）。

（2）水在由液态变为固态或气态的过程中，分子的＿＿＿＿＿和＿＿＿＿＿不会变化，变化的只是水分子之间的＿＿＿＿＿和＿＿＿＿＿。

（3）灭火通常用水，但是金属钠着火时不能用水来扑灭，因为＿＿＿＿＿
＿＿＿＿＿＿＿＿＿＿＿＿＿＿＿＿＿＿＿＿＿＿＿＿＿＿＿＿＿＿＿＿。

3. 大自然中的水是怎样循环的？

融会贯通

节水型社会

1977年，联合国专门召开了水的会议，向全世界发出警告：把水看成取之不尽、用之不竭的时代已经过去，把水当成宝贵资源的时代已经到来。水，不久将成为深刻的社会危机，是继石油危机之后的下一个危机。1993年1月18日，联合国大会通过决议，将每年的3月22日定为“世界水日”，用以开展宣传教育，提高公众对开发和保护水资源的认识。每个“世界水日”都有一个特定的主题。

节水不是不让人用水，而是让人合理地用水，不浪费水。专家指出，提高人们的节水意识，运用现有的技术，农业可减少10% ～ 50%的需水，工业可减少40% ～ 90%的需水，城市可减少30%的需水。这不仅不会影响到经济的发展和生活的方便，而且能够有效地保护环境，提高生活质量。

通过行政、技术、经济等手段加强用水管理，调整用水结构，实行计划用水，杜绝用水浪费。运用先进的技术建立科学的用水体系，合理开发、使用、保护水资源，适应经济社会可持续发展的需要，保障经济发展和居民生活用水。在全社会形成人人爱护水，时时处处节约水的局面。

二、我们一刻也离不开空气

“睁眼看不见，伸手摸不着，天天跟着你，时刻离不了。”没错儿，这个谜语说的就是空气。在生命的长河中，空气虽然一直“不露痕迹”，但始终与我们“生死相依”。

每人每天吸入多少空气

过目难忘

空气是人类和一切生物赖以生存的物质基础。

一个人没有食物，靠空气和水等资源能够存活1个月左右；没有水，只能存活3 ~ 5天；但没有空气，5分钟就会死亡。

人的生命需要纯净的空气来维持，一旦空气遭到污染和破坏，人类和整个生物界的生存就要受到威胁。

心中有数

空气主要由78%的氮气和21%的氧气组成，另外还有0.94%的稀有气体、0.03%的其他气体杂质和0.03%的二氧化碳。

约占空气体积1/5的氧气，与人类的生活、生产有着很密切的关系。一个人在安静时，每分钟约吸入0.5升氧气。当大气含氧量低至15%时，人就会感到呼吸困难，当低至8%以下时就会危及生命。

学而习之

1. 测量我们呼吸的次数。

（1）我每分钟呼吸的次数大约是______次。

（2）我一年呼吸的次数大约是______次。

（3）一个人活到80岁，一生呼吸的次数大约是______次。

2. 你对空气的了解有多少？

（1）下列关于空气的叙述正确的是（　　）。

A. 所有植物和动物生长都需要呼吸空气

B. 生活在水里的动物不需要呼吸空气

C. 正常人在一分钟内只需呼吸空气一次

D. 蚯蚓生活在土壤中不需要呼吸空气

（2）属于空气的主要成分，且能够用以抢救重危病人的气体是（　　）。

A. 氧气　　B. 氮气　　C. 稀有气体　　D. 二氧化碳

（3）氧气是我们身边常见的物质，以下关于氧气的叙述不正确的是（　　）。

A. 氧气能提供动植物呼吸

B. 氧气能支持燃烧

C. 氧气具有可燃性

D. 可燃物在氧气中更易燃烧

融会贯通

认识空气

空气是指地球大气层中的混合气体。它主要是由氮气、氧气、稀有气体、其他气体杂质和二氧化碳组成的混合物，其组成成分会随着高度、气压的改变而改变。空气成分的浓度是亚稳定的。在地球历史上大气层不断发生变化，其组成成分曾经几度发生巨大变化。现在大气层的组成是约3.5亿年前形成的。

长期以来，人们一直认为空气是一种单一的物质，直到法国科学家拉瓦锡通过实验得出结论，人们才知道空气是由氧气和氮气组成的。19世纪末，科学家们又通过大量的实验发现，空气里还有氦、氩、氙等稀有气体。

空气中的氧气是人类和所有动植物所必需的。植物还利用空气中的二氧化碳进行光合作用，二氧化碳是近乎所有植物的唯一的碳的来源。

目前，空气成分变化最大的是工业化开始后二氧化碳成分增加了约40%。有人认为，人为的温室效应导致了全球变暖。地球是我们的家园，空气是我们的生命，爱护环境、保护空气是每一个地球人的责任。

空气污染害处多

过目难忘

1952年12月5日，逆温层笼罩伦敦，连续数日空气寂静无风。由于逆温层的作用，煤炭燃烧产生的二氧化碳、一氧化碳、二氧化硫、粉尘等气体与污染物在城市上空蓄积，引发了连续数日的大雾天气。

12月5日至8日的4天里，伦敦市因毒雾直接或间接导致的死亡人数达4000人。

12月9日之后，由于天气变化，毒雾逐渐消散，但在此后两个月内，又有近8000人因为毒雾事件而死于呼吸系统疾病。

心中有数

据史料记载，世界上发生过多起因空气污染而致人死亡的事件。

马格河谷事件：1930年12月1 ~ 5日，比利时马格河谷工业区，60余人死亡。

多诺拉事件：1948年10月26 ~ 31日，美国宾夕法尼亚州多诺拉镇，5911人受害（占全镇居民人数的43%），其中11人死亡。

洛杉矶光化学烟雾事件：20世纪50年代初，美国洛杉矶市，65岁以上老人死亡400多人。

四日市哮喘事件：1961年，日本四日市，817人患哮喘病，10多人死亡。

博帕尔毒气泄漏事件：1984年12月3日，印度博帕尔市，2500多人直接死亡，20万人受到伤害，其中5万人双目失明。

学而习之

1. 下列物质中，不属于当前空气质量报告中所包含的物质是（　）。

A. 二氧化氮　　B. 二氧化碳

C. 二氧化硫　　D. 颗粒物

2. 飘尘是物质燃烧时产生的颗粒状飘浮物，颗粒很小，不易沉降。它与空气中的二氧化硫、氧气接触时，二氧化硫会部分转化为三氧化硫，使空气的酸度增加。飘尘所起的作用可能是（　）。

A. 氧化剂　　B. 还原剂　　C. 催化剂　　D.吸附剂

3. 收集世界知名的大气污染事件资料，分析大气污染会造成哪些危害。

融会贯通

室内空气污染已成人类健康的“隐形杀手”

据卫生部门统计，我国每年约11万人死于室内空气污染。

室内空气的主要污染物是甲醛。甲醛是一种无色易溶的、有强烈刺激性气味的气体，有很强毒性。在我国有毒化学品优先控制名单上，甲醛高居第二位。

甲醛可经呼吸道吸收，其水溶液“福尔马林”能经消化道吸收。当空气中的甲醛含量达到每立方米30毫克时，可致人当即死亡。高浓度的甲醛对神经系统、免疫系统、肝脏等都有极大损害和危害，促癌致癌。长期接触低剂量甲醛可引起慢性呼吸道疾病、妊娠综合症，引起新生儿体质降低、染色体异常，甚至引起鼻咽癌。

室内空气污染的来源主要是装修材料，如胶合板、细木工板、中密度纤维板和刨花板等人造板材和油漆等，这些材料主要挥发甲醛较多。此外，一些室内的家具也会释放空气污染物。一些厂家为了追求利润，使用不合格的人造板材及劣质胶漆来制造家具，顾客买回不合格家具，等于买回了一个小型废气排放站。

污染空气，有你的份吗

过目难忘

20世纪90年代初，北京、昆明、黑龙江、浙江、青海等地臭氧观测结果表明，当地的臭氧总量不断减少，青藏高原6～9月形成了大气臭氧低值中心。青藏高原的臭氧层低谷现象引起世界关注，国际专家警告：若任其发展，世界屋脊的上空将成为世界第三个臭氧空洞，给人类带来极大的危害。夏季拉萨地区上空臭氧总量比同纬度地区低11%，西藏地区白内障发病率居全国之首。

心中有数

一辆排量为1.6升的轿车，若每年在城市中行程达到1万千米，其释放的二氧化碳约为2700千克。发动机每燃烧1千克汽油，要消耗15千克新鲜空气，同时排出3.08千克二氧化碳、0.15～0.2千克一氧化碳、0.004～0.008千克碳氢化合物、0.004～0.02千克氮的氧化物等污染物。

火力发电厂每产生1度电要消耗0.35千克标准煤，排放0.87千克二氧化碳，0.0263千克二氧化硫，0.0131千克氮氧化物，0.238千克碳粉尘。燃烧1千克天然气排放0.389千克的二氧化碳。

学而习之

1.“可吸入颗粒物”是我国很多地区空气中的首要污染物，下列说法中符合科学原理的是（　　）。

A. 颗粒物直接与人体组织作用形成病变

B. 颗粒物吸附有害物质使人患病

C. 颗粒物作为催化剂使人体内发生破坏性的化学反应

D. 以上三种作用都有可能，但需实验验证

2. 目前，空气质量报告中涉及的污染物主要是______、______和______，其中______能引起光化学烟雾，______能引起酸雨，______可引起呼吸系统疾病。

3. 调查一下你居住的社区大约有多少辆汽车。按照一辆汽车每年在城市中行程2万千米计算，这些车一年共排放多少千克二氧化碳？

融会贯通

何时空气最清洁

昼夜之间其垂直温度之差是有明显变化的。当地面温度高于高空温度时，地面的空气容易上升，空气中的污染物随着上升的空气被带到高空加以稀释。但是，当地面温度低于高空温度时，天空便形成了逆温层，就像一个大盖子压在地面上空，使地面空气中的各种污染物不易扩散和带到空中被稀释。一年四季，晚间和冬春两季的逆温层较厚。

所以说，一年之中的空气要算夏秋季最清洁；一天之中，又算中午的空气较清洁，早上、傍晚和夜间的空气污染较严重，其中晚上7时到早晨7时空气的污染程度达到最高峰。

关爱他人篇：

我们都是一家人

一、伙伴伴我来成长

在家靠父母，出门靠朋友。多一个朋友，人生的旅途就多一份鼓励、多一份帮助。少了朋友，人生就会陷入最大的痛苦：孤独！

童年、少年、青年……伙伴给了我多少关心、激励和帮助，在伙伴们的赞扬声中，我们有了自尊、自爱和自强。

大山回音：我尊重你

过目难忘

走进峡谷，面对大山，我憋足力气，大声喊道：“我——尊——重——你！”大山回音：“我——尊——重——你！”回音一山传过一山，在山谷中久久回荡。

许久，山谷静了下来，我又喊道："我——恨——你！"大山回音："我——恨——你！"山谷中回荡着"我——恨——你！""我——恨——你！"……

心中有数

一项关于"不尊重他人的行为"调查显示：在生活中，"看不起有身体缺陷或是经济条件不好的人"占12.1%；"偷看他人信件、日记，窥探别人隐私"占11.5%；"不理解甚至嘲笑他人的习俗"占10.5%；"在需要安静的场合手机不调成静音、交头接耳"占10.2%；"随意传播小道消息，造谣生事"占10.2%；"剽窃抄袭甚至霸占他人成果"占9.6%。

学而习之

1. 您觉得以下（　　）情况需要使用礼貌用语。【多选题】

A. 在家中　　B. 在学校宿舍　　C. 打电话

D. 在学校食堂　　E. 网络上　　F. 与电影院里的陌生人

2. 您是否有因为未使用或不当使用礼貌用语而冒犯了同学或朋友的经历？（　　）

A. 有，经常　　B. 有，偶尔　　C.从未有过

3. 回顾一下你与他人相处的一些长处和不足，各列举出三项，并写出改进的措施。

尊重他人方面的长处：

尊重他人方面的不足：

努力改进的措施：

融会贯通

萧伯纳与卡嘉

世界著名的文学家萧伯纳一次到苏联访问，在街头遇见一位聪明伶俐的小姑娘，就和她一起玩耍。离别时萧伯纳对小姑娘说："回去告诉你妈妈，今天和你玩的是世界著名的萧伯纳。"不料那位小姑娘竟学着萧伯纳的语气说："回去告诉你妈妈，今天和你玩的是苏联小姑娘卡嘉。"这件事给萧伯纳很大的震动，他感慨地说："一个人无论他有多大的成就，他在人格上和任何人都是平等的。"

学会谦让，防止"螃蟹效应"

过目难忘

竹篓中放上一群螃蟹，不必盖上盖子，螃蟹是爬不出来的。因为当竹篓中有两只或两只以上的螃蟹时，每一只都争先恐后地朝出口处爬。但篓口很窄，一只螃蟹爬到篓口，其余的螃蟹就会用威猛的大钳子抓住它，最终把它拖到下层，然后再由另一只强大的螃蟹踩着它向上爬。如此循环往复，无一只螃蟹能够爬出竹篓。这就是人们常说的"螃蟹效应"。

心中有数

2011年9月，国内某市共发生涉及人员伤亡的一般以上道路交通事故270起，造成318人受伤，27人死亡，直接经济损失321 965元。而这270起事故中，有一半以上是因争道抢行而发生的，造成100多人受伤，12人丧命。

学而习之

1. 取一只肚大口小的瓶子，瓶子内放置3个比瓶口直径略小的球，每个球都有一根绳子系好。将系在小球上的绳子拿到瓶口外，三人一组，想办法用最短的时间将这3个小球取出来，用时最短的小组为胜利者。

胜利者和失败者均写出心得体会，总结经验教训。

2. 思考一下，在家中和学校食堂吃饭的时候，哪些环节应有谦让的行为？按照自己思考的结果去实施体验，并对实践的效果进行书面总结分析。

3. 俗话说“好事不出门，坏事传千里，一传十，十传百，传出十万八千里”。若因你的心胸狭隘而与同学发生矛盾，那么你失去的不仅是一个朋友，可能是更多的朋友。

（1）“一传十，十传百”是一个（　　）数列。

A. 等差　　B. 等比

（2）若是数列，通项公式 $a_n=$ ________。

（3）若按“一传十，十传百”的规则，经第5轮传达后，将会有（　　）人知道你的糗事，你将会失去（　　）朋友。

4. 很多人都说当今社会竞争激烈，谦让的结果只能是吃亏，谦让已经落伍，竞争更加适合社会发展的趋势和需求，所以应该加强竞争意识。

对于这种说法，你怎么看？可以组织一个辩论活动，和大家一起展开讨论和交流。

融会贯通

孔融让梨

孔融小时候，家中共有兄弟七人，五个哥哥，一个弟弟。

有一天，家里吃梨。一盘梨子放在大家面前，哥哥让弟弟先拿。孔融没有拿大的，也没有挑好的，而是在盘子的边上拿了一个最小的。

父亲看见了，便问他:“这么多的梨，让你先拿，你为什么不拿大的、不拿好的，而拿最小的呢？”

孔融说：“我年纪小，应该拿个最小的，大的留给哥哥吃。”

父亲又问他：“你还有个弟弟哩，弟弟不是比你还要小吗？”

孔融说：“我比弟弟大，我是哥哥，我应该把大的留给弟弟吃。”

父亲听了，哈哈大笑：“好孩子，好孩子，真是一个好孩子。”

孔融四岁，知道让梨。上让哥哥，下让弟弟。大家都很称赞他。

雪中送炭朋友多

过目难忘

一个越战归来的美国士兵，在旧金山给他的爸爸打电话:“爸爸，我回来了，可是我有个请求，我想带一个朋友同我一起回家。”

“那当然好啊！”爸爸高兴地回答。

儿子继续说：“可我这位朋友在越战中受了重伤，少了一只胳膊和一条腿，我想让他和我们生活在一起。”

父亲一愣，坚定地说：“不行啊，孩子。你想过没有，他伤成这个样子，会对我们的生活造成多大的负担？”他停顿了一下，听对方没有回音，接着说：“孩子，我们很想念你，你快回来吧，你的朋友会找到适合自己的生活的。”

“嘟嘟嘟……”儿子挂断了父亲的电话。

几天后，父母接到了警方的电话，儿子已坠楼身亡。他们伤心欲绝地飞往旧金山，并在警方带领下去辨认儿子的遗体。

呈现在他们面前的是：他们的儿子只有一只胳膊和一条腿。

心中有数

请对下列问题做出选择，每个问题有A、B、C三种情况，只能选择其中一种，然后计算得分。

1. 你和你的朋友（　）。

A. 友好多年

B. 长短不等，志趣相投者可以友好多年

C. 当对方暴露出某些缺点时，我不再与之交往

2. 作为你的朋友，下面三种品质，（　）种最重要。

A. 具有能够使人感到愉快的能力

B. 诚实可靠

C. 对你的缺点从来不指出

3. 对一个有陋习的同学，你会（　）。

A. 很热情接纳，并诚恳地指出他的问题，帮助他克服

B. 与之相处，多看到朋友的长处，从不揭短

C. 不屑与之交往

4. 当你的同学有困难时，（　）。

A. 他通常会来找你请求帮助

B. 只有与你关系密切的才向你求助

C. 他不愿意来麻烦你

5. 在假期外出时，你（　　）。

A. 通常很容易交到朋友

B. 喜欢独自一个人消磨时间

C. 希望交到朋友，可是发现很难做到

6. 在日常生活中，你（　　）。

A. 几乎能与任何人都合得来

B. 只能和与自己趣味相同的人友好相处

C. 很不情愿与人接近

7. 如果同学们搞你的恶作剧，你会（　　）。

A. 和他们一起大笑　　B. 很生气

C. 看自己的心情和环境如何，也许和他们一起大笑，也许生气并发怒

8. 如果有人请你去玩或在聚会上唱歌，你往往（　　）。

A. 饶有趣味地欣然应邀　　B. 找个借口推辞掉

C. 断然回绝

9. 一位朋友邀请你参加他的生日，可是来宾你都不认识，那么你会（　　）。

A. 非常乐意地认识他们

B. 去参加，但只是为了帮助朋友筹备生日

C. 以不认识他的朋友为由拒绝

10. 你已经和朋友约好要出去玩，可到约定时间自己很疲惫，你会（　　）。

A. 去赴约，并且尽量玩得高兴

B. 去赴约，但问朋友如果早些回家的话是否会介意

C. 不赴约，希望朋友能谅解你

分　　值：A：3分；B：2分；C：1分

结果分析：20 ~ 30分：你是个很容易接纳别人的人，你的伙伴们非常爱你，朋友们为有你这个朋友而感到幸运。

10 ~ 19分：你是一个不特别容易接纳别人的人，你需要朋友主动围绕在你的身边。在不花费你太多精力的前提下，你还是很喜欢帮助别人的。

8分以下：你不愿意接纳别人，喜欢置身于众人之外，性格有些孤僻，人格有些自私，这可能也是你朋友较少的原因。

学而习之

1. 通过以上测试，你对自己满意吗？思考自己平时与同学的人际关系状况，分析其中的原因，想想今后可以怎样改进。

2. 想一想，在交朋友的同时，自己获得了什么？

3. 与同学和伙伴开展“交换自己”的活动：每个人把对自己的认识写在卡片上（包括优点和不足），然后写出对他人的期待。全班同学相互交换卡片，了解大家的交往愿望，尝试了解他人，更广泛深入地接纳他人。

融会贯通

义举赴潇湘　千里送湘女

2001年12月12日下午，在山东省单县县城蹬三轮车的孟昭良，发现人们正在湖西烈士陵园西门口围观一位被破衣旧被裹着的妇女。经询问，她叫田云（田启雨），47岁，是湖南省张家界市永定区汩水溪村人。1994年，她被人贩子卖给江苏丰县一个光棍汉。2001年8月10日晚，她在从娘家回丰县途中，在徐州火车站被火车轧掉了双腿，经医院抢救，20天后又被送回了她当时的“婆家”。不久，“婆家人”将她“送”到几里外的大街上。12月11日夜里，她又被人扔到了单县县城。

“没人救她，这一夜肯定会被冻死!”孟昭良没多想，抱起田云放到了自己的三轮车上，并掏出仅有的两元钱，买了一碗荷包蛋面条给她吃。田云抬起泪眼，问老孟：“你要把我丢到哪里去？”老孟答：“俺带你回家，好好养伤！”

孟昭良是山东省单县莱河镇农民，17岁丧父。他帮母亲挑起了全家的重担，先后为三个弟弟成家立业，自己却错过了青春时光，至今仍是光棍汉。2000年，他买了一辆人力三轮车，到县城拉客谋生。

将田云接回家后，孟昭良亲手为田云做了一辆轮椅，每天出车前将田云抱上轮椅，晚上回到家再将她抱上床。白天，孟昭良的母亲在家里给田云喂饭喂水，端屎端尿。

6个月后的一天，田云含着泪水，对老孟说："你和大娘待我如亲人，每当看见大娘，我就想起我的妈妈，我很想回家。"孟昭良理解田云的心情，但山东和湖南相隔千里，田云不能自己走路，送她回家对孟昭良来说可不是一件容易的事情。

孟昭良的母亲说："孩子，救人救到底，没钱坐火车，你不是有三轮车吗？蹬三轮送田云回家！"

孟昭良没有犹豫："对！没有钱，可我有体力，田云，我蹬三轮车送你回家！"于是，他准备好米面、蚊帐、炊具等，于2002年5月6日深夜上了路。

老孟脚踏"木的"，每天天不亮赶路，直到深夜才住脚。夜晚，遇到有人住的地方就讨顿饭吃；中午，走到半路，就立灶做饭。孟昭良蹬着三轮车，拉着田云，穿过驻马店，进入群山连绵的山区，在崎岖的山路上，蹬三轮变成了推三轮，一步一步往上推。

一个多月的时间，孟昭良磨破5双鞋，更换了6条车胎、5套轴承，行程1700多公里，纵贯鲁、豫、鄂、湘4省，于2002年6月12日抵达田云的老家。"做梦都没想到女儿还能回来！"田云的母亲紧紧握住孟昭良的手，老泪纵横："你是我女儿的救命恩人，我们全家忘不了你的大恩大德！"

在孟昭良回山东的路上，许多道路的两旁拉出了"向老孟学习，向老孟致敬"的横幅。山东汉子孟昭良千里乞讨送湘女的事迹感动了无数人。他因此被推荐为2002年感动中国年度人物的候选人。

2002年，老孟到达张家界后受到当地民众的热烈欢迎。一家房地产公司看重了他的人品，送给他一套房子，还为他提供了一份保洁工作。老孟在这家公司一干就是8年。

2003年，老孟在张家界与一位常德女子结婚。据悉，当初这位常德女子是被老孟的英雄事迹感动而主动追他的。婚礼由当时还是中央电视台主持人的倪萍主持。

以心换心心贴心

过目难忘

烟波浩淼的大西洋上，忽然刮起了大风，在船尾做勤杂的黑人少年汤姆不慎跌落大海。

汤姆大喊救命，无奈风大浪急，船上的人谁也没有听见。

求生的本能使汤姆在水里拼命地游，可是，船却越来越远。

汤姆感觉自己要沉下去了,他实在游不动了。“放弃吧！”他对自己说,“不，船长知道我掉进海里,一定会来救我的！”他想起了老船长。汤姆又鼓起勇气，向前游去……

船长发现汤姆失踪了，下令返航。这时，有人说：“这么长时间了，就是没有被淹死，也让鲨鱼吃了。”船长犹豫了一下，还是决定回去找。

终于，就在汤姆将要沉下去的最后一刻，货轮回来了，救起了汤姆。汤姆醒来，跪在地上，感谢船长的救命之恩。

船长扶起汤姆问：“孩子，你怎么能坚持这么长时间？”

汤姆回答：“我知道您会来救我，一定会的！”

“你怎么知道我一定会来救你呢？”

“因为我知道您是那样的人！”

听到这里，白发苍苍的船长泪流满面：“孩子，不是我救了你，而是你救了我啊！我为我那一刻的犹豫而感到羞耻……”

心中有数

有人在电视台做过这样的测试：将被测试者分成三组，分别就同一个题目发表观点，以“说话的可信度”为测试目的。

第一组被测试者以“法官”的身份出现，第二组被测试者以“过路人”的身份出现，第三组被测试者以“曾经的罪犯”的身份出现。

结果显示：73%的观众认为“法官”讲的话可以接受，63%的人认为“过路人”讲的话可以接受，只有29%的人认为“曾经的罪犯”讲的话可以接受。

学而习之

1. 请和同学做一次“信任游戏”。游戏规则：

（1）12名同学分成两排，面对面站立，双手伸直，手心向上，相互置于对面同学肩上，右腿伸出，呈弓步与对面同学膝盖相抵；

（2）有一同学站在桌子上，双手交叉于胸前，低头，含胸，双腿伸直，腰挺直，待下面的12名保护同学准备好之后，自然向后倒下；

（3）下面的12名同学接住倒下来的同学，游戏成功。

2. 交流游戏后的体验和感受，并以《信任是金》为题写一篇话题作文。

融会贯通

孙奉岩：残疾之躯十年还清父母遗债

1992年，孙奉岩只有8岁，却因病再也站不起来了。慢慢地，她发现自己的胳膊越来越麻木，拿不起稍重的东西。她靠着自己坚强的意志，在地上一寸一寸地挪，一步一步地移，读完了初中。

然而，残酷的命运并没有就此罢手。1999年，身患尿毒症的父亲弃她而去。两年后，母亲也因病离世。那一年，孙奉岩18岁，妹妹只有4岁。从此，年迈多病的奶奶，年幼无知的妹妹，三个不幸的女性共同守护着这个残破的家庭。孙奉岩立下誓言："我要撑起这个家，我要养活奶奶和妹妹！"

孙奉岩父母在世的时候，为了治病不得不向别人借钱。陆陆续续，全家共欠下35 000元的债务。"母亲在世时，我经常看到她在记账。临走的时候，她把账本交给了我。我明白母亲的意思，我们家不能永远欠别人的钱。"回想起这个情景，孙奉岩眼眶湿润。

但是，钱从哪里来呢？家里所谓的收入，就是低保、抚恤金，还有妹妹的孤儿补贴，现在每个月大约能有1000元，最早的时候每月不到200元。其中，留给妹妹今后上学用的600元孤儿补贴是不能动的。虽然村里包了水电煤的费用，还定时送来米、面、油等，可是一家三口人还要吃菜，奶奶还得常年吃药，要想从这微薄的收入中抠出35 000元，就只能靠省吃俭用、精打细算。她平时都是去买最便宜的青菜，回到家里把这些菜做好，留给奶奶、妹妹吃，自己却很少吃。第一个年头下来，孙奉岩竟然省出了700多元，加上年底的各项捐助，孙奉岩硬是凑足了2000元。当奶奶拿着钱还给人家时，人家说什么也不收，可最后，倔强要强的奶奶，还是把来之不易的2000元钱硬是塞给了人家。

奶奶瘫痪在床的日子，她挪动着不便的残肢，为奶奶打水、做饭、洗衣。为了提小半桶水，她要用尽全身的力气。一顿饭做下来，她的双手和胳膊都会累得发抖。她一分一分地积攒，一元一元地节省，一笔一笔地偿还，用了整整10年时间，到2009年年底，孙奉岩终于还清了最后一笔债务。

2012年5月31日，久病在床的奶奶故去。孙奉岩用心默默地对奶奶说："奶奶，你看到我爸爸妈妈了吗？你要是见到他们，就告诉他们，我已经把钱都还上了，丫头（妹妹）也特别好，特别懂事，我们现在住在舅舅家，都挺好的，咱们的债都还清了。"

孙奉岩以残疾之躯，用整整10年时间还清父母的遗债，她的事迹传遍了齐鲁大地，被评选为"山东好人"2013十大年度人物。

二、远亲不如近邻

每个人，每个家庭都会遇到自己难以解决的困难，俗话说：“远亲不如近邻，近邻不如对门。”有了困难，求邻居帮忙最方便。

见邻居，你微笑了吗

过目难忘

某市组织了200多名中小学生，进行了一场颇有创意的“采集微笑”的活动。按计划，20多个活动小组每组至少采集100个微笑，但很多小组都未能完成任务。一位参加活动的小学生感叹道：“我真不明白，大人们微笑一下为什么这么难！”

心中有数

某调查机构针对城市邻里关系进行了调查，结果显示，40.6%的人“不熟悉自己的邻居”，其中12.7%的人“根本不认识自己的邻居”。

对于“当生活中遇到困难时，你是否会首先向邻居求助”这一问题，调查结果显示，18.5%的人选择“会”，41.8%的人坦言“不会”，39.7%的人选择“视情况而定”。

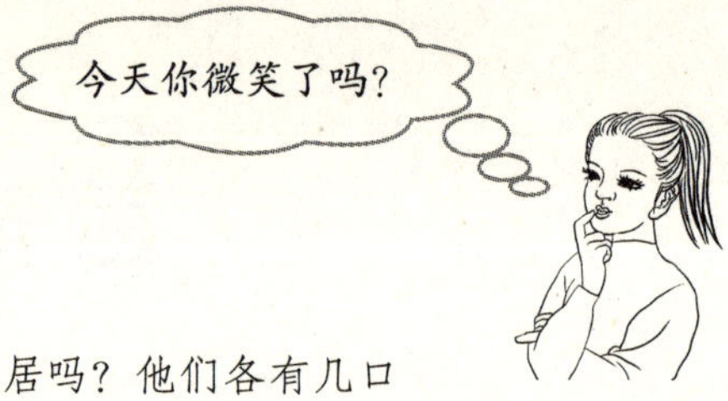

学而习之

1. 你了解你家对门和楼上楼下的邻居吗？他们各有几口人，做什么工作，有哪些兴趣爱好？

2. 进行一次“采集微笑”的活动。活动的前提是首先自己给他人一个微笑，然后采集对方给我们回复的态度和表情。记录活动的结果，交流活动的感受和收获。

3. 研究表明，人微笑时能够牵引17块脸部肌肉。试一试，用微笑代替皱眉，如果每天这样做一次，一个月下来你一共可以牵动多少块次脸部肌肉？一年呢？（每月按30天计算）

4. 研究显示，当人微笑的时候，血压将显著降低。如果你家中有血压计，你可以试一下：静坐几分钟，然后读出血压计上的数值；再微笑1分钟，然后微笑着读出血压计上的数值。你看到两者的差异了吗？

融会贯通

微笑的益处

研究人员给志愿者播放了5段喜剧片段，每段持续约10分钟。喜剧片使志愿者大笑不止，同时研究人员给他们检测了心率、呼吸等，并与严肃状态下的数据进行比较。结果发现，他们在大笑状态下比严肃状态下多消耗了20%的热量。

专家指出，10 ~ 15分钟的开心微笑，可以“燃烧”掉人体内相当于1大块巧克力所含的热量。微笑能让大脑更敏锐，同时延缓衰老，在让自己的思维变得敏捷的同时，还能激发对方的大脑活力。

“没关系”的力量

过目难忘

“对不起，是我不好在先，我太冲动了！”

“没关系，我也有不对的地方，以后我们还是好邻居！”

刚刚闹得不可开交的张老太和王某两家，在民警耐心细致的调解下，很快化干戈为玉帛。

原来，王某想要在公用场地上停放一辆新买的小货车，于是找到对门的邻居张老太，让她把堆在公用场地上的柴火搬到自家院内。但张老太不同意搬走柴火，双方发生了争执，由言语冲突升级为肢体冲突，还引来了双方亲戚“助阵”。

经过村干部的耐心劝说，张老太主动搬走了堆在公共场地的柴火，王某也将新买的小货车停进了自家院内。

心中有数

在某市开展的“邻居间出现矛盾应如何解决”的调查中，39%的人选择“互不理睬、任其发展”，36%的人选择“争吵几句就适可而止”，15%的人选择“主动调和”，另外10%的人较偏激，选择“用暴力解决”。

学而习之

1. 按照我国民事诉讼法规定，适用简易程序的民事案件一审审限为3个月，普通程序为6个月。普通程序的案件经法院院长批准可以延长6个月，如还需延长需报请上级人民法院批准。这里的审限不包括公告期间、鉴定期间、管辖权异议及处理异议的期间。思考一下，如果一件邻里纠纷闹上法庭，除了将会使控诉双方损失时间，还会有哪些方面的损耗？

2. 闭上眼睛安静地坐着，然后对自己说：“我需要宽恕的人是__________，我宽恕你的__________。”然后感受一下宽恕别人后放松的心情。

融会贯通

仁义胡同

掖县城东门里大街路北，有一条小胡同，叫“仁义胡同”。

明朝嘉靖年间，这里住着两家一墙之隔的近邻。东邻户主叫方岳，西邻户主叫姜廷宝，姓方的在浙江当参议，姓姜的在陕西当布政使参议。有一年春天，方家子弟在家建房修院，占了姜家一寸墙基。姜家子弟心想："你家官大，我家官也不小，你要欺负我，休想！"于是，一怒之下把院墙推倒，重新垒一墙，占了方家近一尺地基。方家一看大怒，随即又把院墙拆掉。方、姜两家，你建我推，各不相让，闹得不可开交，非要比出个高低来不可。这时，姜家便给姜廷宝去信，要求借助官府权势压压方家的威风。不久，姜家收到姜廷宝的回信，信中没有写别的，只是一首诗：

千里寄书为一墙，让他一基又何妨。

长城万里今犹在，不见当年秦始皇。

姜家人看后一时难以理解，埋怨姜廷宝太好说话，以后又反复琢磨了好多日子，终于领悟出姜廷宝的良苦用心，于是主动向里让出一墙基，重把院墙建起。方家见姜家主动往后退，很是惊奇，等知道了姜廷宝的诗后，深受感动，也主动拆除了新筑的院墙，向里挪回了一墙基。从此，在方家与姜家之间便形成了一条胡同。

人们对这种以礼相让、友好相处的邻居关系都伸大拇指，于是就把这条胡同称为"仁义胡同"。

你家宠物别扰我

过目难忘

某市拟规定，居民在家中养犬必须首先征得四周邻居的认可，同时需要到居委会开具证明，然后才能到该市公安局办理犬证手续。

对于此项规定，家中养犬的市民颇有微词，认为这个规定实施起来难度

太大，尤其是获得邻居的同意几乎是不可能的，政府这样做等于是变相不许养狗，剥夺了居民养狗的权利。

政府之所以这样做，是因为养犬给邻居造成了许多麻烦，引起了居民的强烈反对。

心中有数

据《当代健康报》2006年11月30日载文报道：有人做过统计，美国每年发生大约500万起狗咬人的事件，2%的美国人被狗咬过，其中有80万人需要到医疗机构治疗，有6000人需要住院治疗。由此引发的损失每年约10亿美元，除去保险公司赔付的3亿多美元，其余的主要由狗主人承担。

学而习之

1. 调查一下自己所在的小区或居住的楼栋内总共有多少户居民，其中有多少居民在饲养宠物，算一算养宠物的居民占多大比例。同时，了解邻居对小区居民饲养宠物的态度和看法，用统计表的形式记录大家对小区中的宠物都有哪些不满意的地方。

2. 据某市统计，该市环卫工人平均每人每天至少要清理15千克左右的宠物粪便。一座中等城市一般有1万名环卫工人，如果按照这个数字计算的话，该城市中所有的环卫工人每天共需清理宠物粪便多少千克？

融会贯通

国外宠物管理面面观

日本养狗必须为狗进行登记，详细申报养狗人的姓名、住址，所养狗的数量、种类和用途，并要附上狗舍的说明图。日本人到街上遛狗，一定会随时拽紧狗项圈上的缰绳，不让狗乱跑，并及时清理狗粪。狗一旦乱叫就要立即制止。他们认为，这不仅是法律和制度的规定，也是为了不给别人添麻烦，避免引起他人的反感。在公寓楼房住宅里，住户需要得到物业管理公司的同意才能养狗，因为同一公寓楼里可能有反对养狗的人，还可能有对动物过敏的人。即使得到了养狗的许可，狗的主人一般也会自觉地不带狗乘坐电梯、不让狗吠叫、妥善处理狗的排泄物和脱落的狗毛。

荷兰制定了《限制攻击性动物法》，要求如果养马士提夫犬等5个品种的狗，要对狗进行攻击性测试，不能通过测试的狗必须佩戴嘴套外出，且只能在指定区域活动。

英国养狗不需要办证，只要在狗脖子上挂牌注明主人姓名和住址，未挂牌的狗在外游荡将被作为流浪犬收容。英国共有近680万只狗，小狗们的狂吠声常常扰得四邻不安。英国政府下令小狗们必须遵守非社交时间活动规则，否则就拿主人的钱袋开刀。如果小狗狂吠，邻居投诉，狗主人将会收到一张提醒通知单；如果在规定期限之内，狗的叫声依然扰民，狗主人将面临罚款，最高达5000英镑。

不要惊醒邻居温馨的梦

过目难忘

一对英国夫妇特别喜欢看电视，一有空就和孩子一起看动画片。

为了获得更好的电视效果，夫妇俩买回了一台62英寸的豪华等离子电视机。有时候，清早他们家的电视就打开了；有时候，深夜他们还在看电视。每次电视机声音都开得很大，影响邻居的休息。

忍无可忍的邻居终于向法院提出投诉，法院判决将这对夫妇的电视机没收。

心中有数

高强度的噪声，损害人的听觉。

长期在噪声120 ~ 130分贝的环境中生活，会使人感到耳内疼痛，听觉器官受到损害；长期在噪声95分贝的环境中生活，29%的人会丧失听力；长期在噪声85分贝的环境中生活，10%的人会发生耳聋。

噪声会危害人的神经系统，会使人出现头痛、头晕、情绪不安、记忆力减退等症状。调查表明，地区噪声每上升1分贝，高血压发病率就增加3%。

学而习之

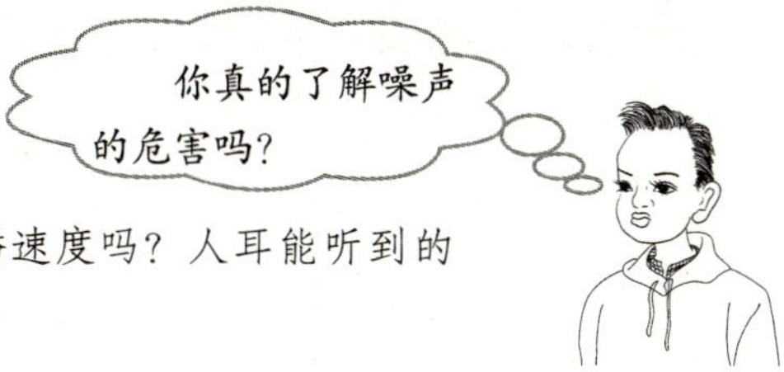

1. 你知道声音在空气中的传播速度吗？人耳能听到的声音频率范围是多少？

2. 关于噪声下列说法错误的是（　　）。

A. 悦耳的音乐声可能是噪声

B. 噪声都是机器工作振动时发出的

C. 噪声危害人的身心健康

D. 对人们要听的声音起干扰作用的声音都是噪声

3. 一般人的理想声音环境是（　　）。

A. 在一个无声的世界里

B. 在30 ~ 40分贝的安静环境里

C. 在80 ~ 90分贝的热闹环境里

D. 在100分贝以上的环境里

4. 假如你是社区的志愿者，为了向社区的居民宣传噪声对人体的危害，请你准备一份社区环境噪声情况报告。请根据下列要求回答问题：

（1）请你分别从物理学角度和环境保护的角度谈谈对噪声的认识。

（2）列出社区噪声来源的清单（至少列出3种以上）。

（3）利用噪声测试仪可以测出社区噪声的强弱，物理学中用什么单位来表示声音的强弱？要保护人耳听力，社区居民可以采取哪些措施？

（4）分析一下社区受到噪声污染的程度，提出控制噪声的可行性方案。（提示：噪声危害的控制主要从人耳、传播过程、声源三个途径进行。）

5.“震耳欲聋”这个成语在词典中是这样解释的：震得人的耳朵都要聋了，形容声音特别大。请从物理学的角度来解释一下这个成语。

融会贯通

中华人民共和国城市区域环境噪声标准：

1. 主题内容与适用范围

本标准规定了城市5类区域的环境噪声最高限值。本标准适用于城市区域。乡村生活区域可参照本标准执行。

2. 标准值

城市5类环境噪声标准值表

类别	昼间	夜间
0类	50分贝	40分贝
1类	55分贝	45分贝
2类	60分贝	50分贝
3类	65分贝	55分贝
4类	70分贝	55分贝

3. 各类标准的适用区域

（1）0类标准适用于疗养区、高级别墅区、高级宾馆区等特别需要安静的区域。位于城郊和乡村的这一类区域分别按严于0类标准5分贝执行。

（2）1类标准适用于以居住、文教机关为主的区域。乡村居住环境可参照执行该类标准。

（3）2类标准适用于居住、商业、工业混杂区。

（4）3类标准适用于工业区。

（5）4类标准适用于城市中的道路交通干线道路两侧区域，穿越城区的内河航道两侧区域。穿越城区的铁路主、次干线两侧区域的背景噪声（指不通过列车时的噪声水平）限值也执行该类标准。

4. 夜间突发噪声

夜间突发的噪声，其最大值不准超过标准值15分贝。

谁动了我们的公共空间

过目难忘

2013年1月6日晚，某城市一居民小区一栋楼内二楼起火。楼道内堆积的木柜和杂物被很快引燃，阻断了居民的逃生通道，10多位居民被困在楼上。幸好消防车及时赶到将火扑灭，才没有造成人员伤亡。而就在两年前，该楼曾因同样的原因致七楼母女两人死亡。

心中有数

记者对“谁侵占了公共空间”进行过一次网络问卷调查，结果显示，70%的受访者认为“自己居住的楼房内公共空间被侵占过”，55.6%的受访者认为是“邻居侵占了自己的公共空间”，50%的受访者不知道“顶层平台具有消防功能”。

学而习之

1. 明明每天出门上学都会闻到楼道里有一股浓浓的烟味儿，原来是六楼的叔叔每天早上上班前都要在楼梯上吸烟。想想看，这位叔叔的行为是不是属于侵犯公共空间的行为？如何解决这个问题？

2. 自己有没有侵占公共空间的行为？若有，应怎样改正？如何和他人一起营造一个安全、整洁、方便的公共生活环境？

融会贯通

这些空间属于谁

楼房的消防楼梯、通道、大堂——在建筑规范中，这些都明确属于小区的公共空间。

小区绿化带——虽然绿化带不是业主的公摊面积，但在城市居住用地规范中，绿化带被列为全体业主所有的空间。

顶楼天台——根据物权法规定，拥有屋顶花园的业主拥有其使用权，但不享有专有使用权。一旦发生火灾等危险事故，顶楼天台是一个露天的逃生通道。

三、伸出温暖的手

也许有人并没有意识到，大街上行色匆匆的人们，看似是不相识的陌生人，但谁也离不开谁。一个温暖的微笑，一声亲切的问候，一次贴心的搀扶，关爱随之传播……

4亿中国老人谁来照顾

过目难忘

某市一位74岁的老大娘在小区内贴出广告，寻找勤俭懂事、黑头发黄皮肤的单身女性合住，且不收房租。据老人介绍，自己患有糖尿病，三个子女一个都不在身边，非常孤单。请人合住主要是为了能有个人一起聊聊天。

在我国城市和农村，不少子女工作或结婚后，很少与父母合住，平时难看到他们的身影。即使过年过节，也都是“来去匆匆”。

心中有数

世界上将60岁以上人口占人口总数比例大于10%的国家，称为老年型国家。我国1999年就成为了老年型国家。目前，我国60岁以上的人口已经接近2亿，预计2037年后将超过4亿，占全国总人口的1/4。

学而习之

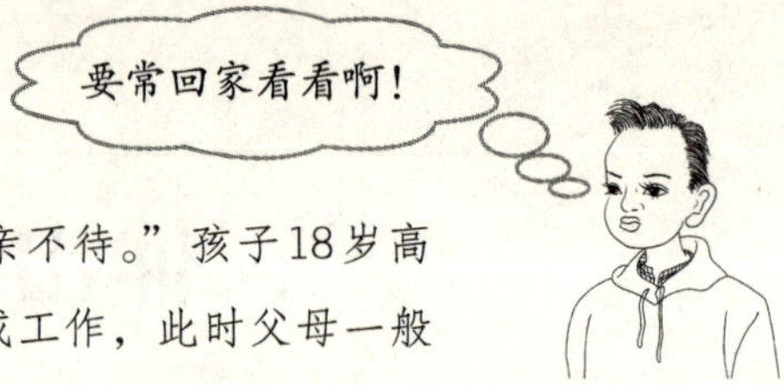

1.“树欲静而风不止，子欲养而亲不待。”孩子18岁高中毕业，大都会离开父母，外出求学或工作，此时父母一般在45岁左右。若父母的平均寿命为80岁，每年孩子回家看望父母两次，请计算：今生，你还能见到父母多少次？

2. 在全校师生当中征集大家的好想法，策划一个“点滴之爱，尊老敬老”的行动方案，并付诸实施。

融会贯通

敬老养老　古已有之

“老吾老，以及人之老。”敬老养老是我国的传统美德。

公元521年，南朝梁武帝设立了中国历史上第一家由政府开办的“养老院”——独孤院，专门收养老人和孤儿。从此，中国的养老院开始制度化。到了唐代，国家强盛，养老院开始普及，称为“悲田院”。北宋时期称为“居养院”，宋徽宗时期，老年人入住“居养院”的年龄标准是50岁，“居养院”收养的老年人的数量大大增加，成为历史上老人的黄金时期。之后历朝各代都有类似的机构供养老人。

明清时期，是我国民间养老和社会养老做得较好的时期。各类养老机构大都是民办的，养老资金大多来自民间中产阶层以上的捐赠。明朝中期，对于百岁以上的老人，国家还会专门为他定制高级华美的正装，给予国家奖励和荣誉，在全社会树立尊老、爱老、养老的风尚。

残疾人谁来关爱

过目难忘

公交车对于很多人来说是基本的出行工具，但对于盲人来说，没有别人的陪伴和帮助，是不敢轻易单独出门乘车的。虽然现在公交车上都有语音提示系统，可是因为看不到车号，再加上马路嘈杂，他们就连来的是几路车都不清楚。

外出购物时，认钱也是一个不小的挑战，如果再遇到不讲道德的商贩，盲人往往就会吃亏。

残疾人出门难、乘车难、买东西难……

心中有数

据2006年4月1日第二次全国残疾人抽样调查数据推算，中国目前各类残疾人总数为8296万人，占全国人口总数的6.34%。全国有残疾人的家庭共7050万户,占全国家庭总户数的17.80%;其中有2个以上残疾人的家庭876万户,占残疾人家庭户数的12.43%。

学而习之

1. 用一只手整理书包和衣物，用嘴巴咬住笔写字，蒙上眼睛走路……想象不同残疾人的生活状态，感受他们生活中我们不能想象的困难。

2. 制订一个计划，每月帮助残疾人做一到两件有意义的事情。三个月后，以“爱在人间”为话题，写一篇有真情实感的心得体会。

融会贯通

吴春苗将金牌分给“领路人”

青岛盲人姑娘吴春苗，以12秒31的成绩摘取了2008年北京残奥会女子100米T11级的金牌，打破了由巴西选手保持了8年的残奥会纪录。

继2004年雅典残奥会100米银牌和200米金牌之后，2008年9月9日上午在北京鸟巢的红色跑道上，吴春苗的名下又多了一枚金牌。然而，在领奖台上，她却把这枚金牌挂在了自己的领跑员李佳雨的脖子上。“这枚金牌，有我的一半，也有他的一半。”吴春苗说。

两年前，当吴春苗开始备战本届奥运会时，来自沈阳体育学院、与她同龄的李佳雨就成了她的“眼睛”。在训练中，靠一条细线，李佳雨为她传递力量，帮她克服困难。

李佳雨说："在训练的过程中，我们相互鼓励，挺住困难，目标就是把金牌拿到手，为祖国争光！"领奖台上，分享同一枚金牌，共披同一面五星红旗，吴春苗和李佳雨的微笑就此定格在北京残奥会的镜头里。

贫困儿童谁来救助

过目难忘

2011年4月10日11点30分，桐树庄小学150名学生下课后很快领到了午饭。他们高兴地边吃边聊："比俺奶做的玉米糁好吃多了，你看我碗里这块肉多大！"

小黑板上，一位老师用粉笔记下了这顿午餐的费用：大米25公斤、猪肉6公斤、青菜15公斤、油1公斤……共计360元，每个孩子平均不到3元。

小黑板的右下角，写着这样一行字：午餐费用由好心人朱凤莲女士资助。

心中有数

统计显示：2011年我国0～14岁儿童有2.9亿，其中贫困儿童有1500万。贫困地区儿童生长迟缓率是城市儿童的6倍，维生素A缺乏率是城市儿童的4倍。

学而习之

1. 3元左右就可以为一名贫困儿童提供1顿学校营养餐。如果每人每月捐出1元钱，算一算，自己家一年可以为一名贫困儿童提供多少顿营养餐？

2. 若一个班级有60个学生向贫困地区小朋友捐书，其中$\frac{2}{5}$的学生捐的是漫画书，$\frac{3}{4}$的学生捐的是童话故事书。问：

（1）班级里捐漫画书的同学有多少人？捐童话故事书的同学有多少人？

（2）既捐漫画书又捐童话故事书的同学有几人？

3. 假若你们学校要给贫困地区捐书，除了学校已有的500册存书，还需要学生再捐出一些。已知捐书人数x与捐书总数y满足$y=2x+500$，那么，当$x=1000$时，捐书总数是多少？

融会贯通

“新牛顿第三定律”：爱别人就是爱自己

美国伯克利大学的一项研究跟踪了2025位老人达5年之久，他们的发现是惊人的：经常做志愿服务的老人，死亡率比其他人低44%，而做两项以上志愿服务的老人，死亡率比其他人低63%！

送人玫瑰，手有余香。无论施爱者求不求回报，他都会得到应有的回报。

作用力与反作用力总是大小相等、方向相反，作用在“爱”的直线上，爱别人就是爱自己。我把它叫做“新牛顿第三定律”。

奉献社会篇：让汗水在阳光下闪烁

一、劳动最光荣

一分耕耘一分收获，劳动的果实分外甜。爷爷常说：幸福不会从天降，汗水浇开幸福花……

劳动是财富的源泉、幸福的源泉，勤劳的人最美！

劳动推动科技进步

过目难忘

马拉松是古希腊的军事要地。公元前490年，波斯帝国向希腊发动了凶狠的侵略战争，人多势众的波斯军队很快挺进到马拉松镇的城边。凭借对地形的熟悉和炽热的爱国情怀，希腊人与入侵者进行了殊死搏斗，结果以少胜多，打败了波斯军队。

为了让胜利的喜讯最快地传到首都雅典，希腊军队的统帅命令自己的传令兵菲迪波德斯去完成这项光荣的“通信”任务。菲迪波德斯不吃不喝跑了几天几夜，从马拉松一直跑到了雅典城的中央广场（距离约为42.195千米），他向雅典人民高喊“我们胜利了！庆祝吧！”自己却筋疲力尽，倒地身亡。

为了纪念这位信使，人们把菲迪波德斯跑过的距离作为一项竞赛项目的赛程，把该项目命名为马拉松赛跑，并一直延续至今。

心中有数

当下，手机已经成为人们最重要的通讯工具。手机通话利用电磁波传递信息，其传播速度等于光速，可以达到3×10^8米/秒。

数据显示：2010年，全世界有超过46亿部的手机在使用中，是1990年的370倍。其中，美国共计约2.7亿部手机，人均0.87部；英国共计约7500万部，人均1.2部；日本共计约1.1亿部，人均0.86部手机；中国共计约4.34亿部，人均0.47部手机。

中国手机用户总数在2013年首次超过10亿，人均0.7部手机。

学而习之

1. 手机的充电电压在4V左右，而我国用户使用的电压是220V。你知道通过什么实现了变压吗？除了电，手机还和哪些科技相关？

2. 贝尔发明电话时，有一次不小心把硫酸溅到了腿上，可是实验的成功竟让他完全忘记了伤痛。

（1）硫酸是一种强酸，你还知道其他的酸吗？________________

（2）浓硫酸具有________性和强烈的________性，在使用时应十分小心，如果不慎将浓硫酸沾到皮肤上，应先用布轻轻地拭去，再立即用大量的________冲洗，然后涂上________溶液，以防灼烧皮肤。

（3）浓硫酸中的S是________价，因此，浓硫酸具有强________（填“氧化”还是“还原”）性。

3. 1831年，英国科学家法拉第的发现，进一步解释了电和磁的联系，导致了发电机的发明，实现了机械能向电能的大规模转化。下面4幅实验装置图中，能说明这一发现的是（　　）。

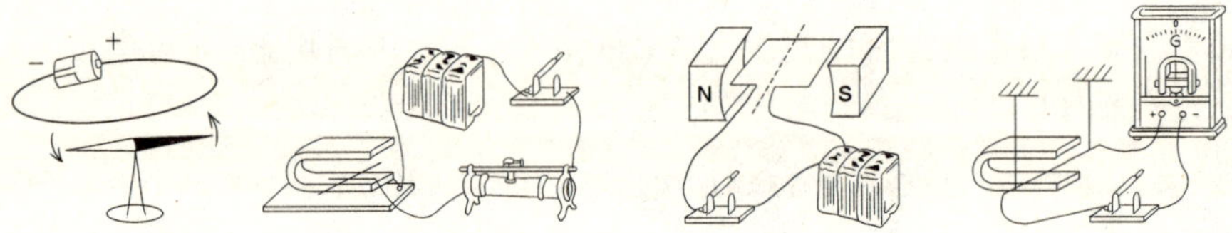

A　　B　　C　　D

融会贯通

现代通信小知识

移动通信是指移动用户之间或移动用户与固定用户之间的通信方式。移动通信的基地台是按蜂窝结构布局的，这种布局可以增加电磁波覆盖的有效面积，避免基地台的重复建设，因而移动电话也称为“蜂窝移动电话”。

光纤通信是以激光为光源、以光导纤维为传输介质进行的通信。光纤通信具有传输容量大、抗电磁干扰能力强等突出优点，是构成未来信息高速公路骨干网的主要通信方式。光纤通信的过程是：电话→激光发射机→光纤→激光接收机→电话。

卫星通信是利用人造地球卫星作为中继站、转发无线电信号、在多个地球站之间进行的通信。卫星通信具有传输距离远、覆盖区域大、灵活、可靠、不受地理环境条件限制等独特优点。以覆盖面积来说，一颗通信卫星可覆盖地球面积的三分之一还多，三颗同步通信卫星就可以覆盖整个地球。

互联网络是全世界的计算机、计算机网络互相连接成的信息传送网络，包括有线网络和无线网络。互联网络的用途非常广泛，如信息查询、电子邮件、远程登录、文件传送、远程医疗、网上聊天、电子会议等。

劳动创造文化繁荣

过目难忘

毕昇生活在雕版印刷全盛时期的宋朝。雕版印刷费工费料，不小心将字刻错也无法更改。毕昇下决心要对印刷技术进行改进。他反复试验，经过八九年不懈努力，终于从印章上获得了灵感，用胶泥做成统一规格的单个胶泥活字，实行排版印刷。这样即使错了也可以将字换掉，而且书印好后字还可以再用。

活字印刷术诞生后，很快传遍世界，使印刷技术发生了巨大变革。即便是后来的凸版铅印技术，其基本原理和方法也是来自毕昇的发明。毕昇被誉为活字印刷术之父。

心中有数

目前，我国网络作家的数量已超过250万人，仅一天发表的网络文学作品就超过1000万字，相当于一个中等出版社一年的出版量。

截至2013年上半年，中国最大的网络原创文学集团盛大文学有限公司拥有超过200万名作家，创作出逾600万部作品，而且还在快速增长之中。

我国目前有4亿手机阅读网民，其中网络文学用户共2.48亿。也就是说，每6个中国人中就有1个网络文学深度用户。

学而习之

1. 正常人平均每秒读10个字，若设读书时间（秒）为自变量x，总读书字数（个）为y。试写出y与x之间的函数关系式。

2. “忽如一夜春风来，千树万树梨花开。”近年来，网络作家的队伍越来越庞大，像“千树万树的梨花”盛开在网络上。2013年的网络作家富豪榜榜单显示，2012年11月20日至2013年11月期间，知名网络作家“唐家三少”版税收入高达2650万，“天蚕土豆”、“血红”和“我吃西红柿”也分别收获了2000万、1450万和1300万的版税。请回答：

（1）“忽如一夜春风来，千树万树梨花开”描写的是何种景物？出自唐朝哪位诗人的哪首作品？

（2）根据所给的数据计算，2012年11月20日至2013年11月期间，“唐家三少”、“天蚕土豆”、“血红”和“我吃西红柿”4位网络作家版税收入总额是多少？

（3）思考一下，目前的网络文学如此兴盛，科技方面的推动因素有哪些？

融会贯通

信息爆炸时代

20世纪90年代，全球开始进入一个信息大爆炸的时代。互联网的出现使信息传播的速度大大加快，新网站的数目迅速飙升，每天更新的资讯不计其数，信息量以几何速度增长。

在2011年4月7日召开的“存储网络世界”(Storage Networking World)年会上，美国圣地亚哥加利福尼亚大学的研究人员给出了一个数字：世界范围内，服务器年处理量为9 570 000 000 000 000 000 000字节。如果将地球的数据年处理量转换成书本，那么，这些书本摞起来的厚度达90亿千米，是地球与海王星之间距离的20倍。

需要说明的是，这个数字研究的是2008年的全球服务器处理量，现在服务器的处理量肯定增加了很多。该研究团队还说，到2024年，全世界服务器处理的数据量转换成书本，摞起来的厚度是2008年的4500多倍，是地球距离太阳系最近的恒星——半人马座阿尔法星的距离，长达4.37光年。

现代人的生活已经离不开网络，每天上网获得的最新资讯要比书籍、杂志中多得多。据研究人员推测：10年后，网络上泛滥的数据会比现在增加数千倍。

你准备好接受这些信息的狂轰乱炸了吗？

劳动增强体质

过目难忘

2007年，107岁的包廷琴老人成为上海市闸北区最长寿的老人。

每当有人前来咨询长寿秘诀，老人总会慈祥地说：“我这个人最大的特点就是闲不住。我长年坚持劳动，加上没有什么不良的生活习惯，所以才有了个好身体。多劳动、多运动，就能活百岁。”

尽管包廷琴老人已百岁高龄，但每天起床后，她除了自己穿衣梳洗，闲来无事还会主动做些力所能及的家务，如擦桌椅，拣菜、洗菜等。“生命在于运动”这句话，在老人身上体现得淋漓尽致。

心中有数

广西巴马县是个长寿之县，1991年被国际自然医学会命名为世界第五个长寿之乡。有数字统计，该县有80 ~ 90岁的老人2800人，90 ~ 99岁的老人395人，100岁以上的老人74人。调查发现，百岁老人普遍从青少年开始就参加劳动，80%的百岁老人在百岁后仍从事家务劳动，40%的百岁老人依然从事田间劳动。

学而习之

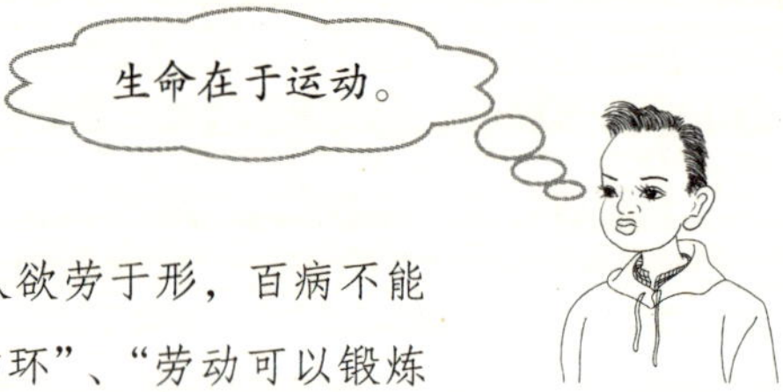

1. 古代的养生家曾有一句格言：人欲劳于形，百病不能成。请从“劳动可以促进人体的血液循环”、“劳动可以锻炼肌肉筋骨”、“劳动可以增强神经系统的调节功能”等角度，运用相应的科学知识，对这句格言进行解释。

2. 医学表明：劳动可以提高心血管系统的功能，能使营养心脏的冠状动脉扩张，使心脏的血液供应得到改善，心肌血液充盈，心壁增厚，心肌收缩有力，增加心血输出量。请回答：

（1）心脏是血液运输的________器官，由________、________、________和________四个腔组成。

（2）一个正常人，在安静状态下，心室每次射出的血量大约为70毫升。

人体内的血液总量大约为4000毫升。假如你的心率（每分钟心跳的次数）是75次/分钟，请计算：

① 你体内的全部血液循环一遍需要多长时间？

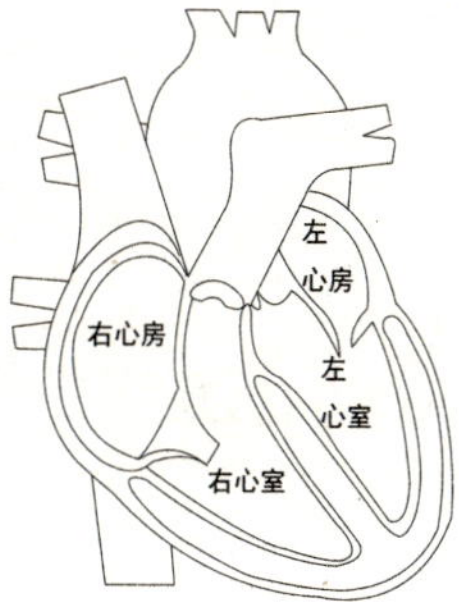

② 一天（24小时）之内你体内的全部血液循环多少遍？

③ 一天内由你的心脏泵出的血液总共有多少？

融会贯通

手巧使人心灵

劳动对儿童的成长有众多好处。

孩子一岁以后，便会表现出一种独立的意向，走路时会推开妈妈的手，表达出“我自己来”的愿望。

从小进行劳动锻炼，可以让孩子形成“自己事，自己做”的独立意识，减少对别人的依赖，增强孩子的独立性和创造性。

俗话说“心灵手巧”，对儿童来说，则是“手巧心灵”。勤于动手有助于儿童的智力发育。形成基本的生活自理、做一些力所能及的家务等早期劳动训练，可以使儿童的脑细胞得到更多的刺激，加快脑细胞发育成长，有助于双手和大脑协调发展。

在营养良好的情况下，适当的劳动能促进大肌肉、小肌肉的发育，增强儿童的体质。

此外，劳动对少年儿童的个性发展也有积极作用，可以让孩子从小知道劳动果实来之不易，养成吃苦耐劳、勤俭节约的品质。

劳动创造财富

过目难忘

故宫是世界上现存规模最大、最完整的古代木结构建筑群，始建于1406年，至今已600多年，占地72万平方米，建筑面积约15万平方米，拥有殿宇9000多间。故宫宫阙重叠，巍峨壮观，是中国古建筑的精华，是中国劳动人民勤劳和智慧的结晶。

故宫与法国凡尔赛宫、英国白金汉宫、美国白宫、俄罗斯克里姆林宫并称为世界五大宫殿。凡尔赛宫、白金汉宫、白宫、克里姆林宫的面积分别是故宫的1/4、1/10、1/2和1/2。

心中有数

北京时间2012年3月15日，美国科技博客Business Insider对21家科技公司的专利实力进行了统计，IBM、英特尔和惠普等传统巨头的专利数量都达到数万项。其中IBM公司以70 715项专利储备排名第一，该公司仅2011年就申请了6800项专利，目前每年通过专利和其他知识产权获得的收入超过10亿美元。三星、佳能、索尼和惠普分别以47 855项、46 322项、36 508项和23 904项专利排在二至五位。

学而习之

1. 根据上述数据，计算一下IBM公司的专利储备分别是三星、佳能、索尼和惠普的多少倍。(保留小数点后两位)

2. 2011年，IBM公司申请了6800项专利。按照2011年通过专利获得的10亿美元收入计算，IBM公司的每项专利能够获得的收入为多少美元？换算成人民币是多少元？(1美元=6.23元人民币)

融会贯通

神秘的埃及金字塔

听宇航员们讲，在太空上只能看清地球上的两处建筑物：一个是中国的万里长城，另一个就是埃及的金字塔。

金字塔是古埃及帝王的陵墓。帝王们为了让自己死后能够升入天堂，获得永生，便命令奴隶们在低台的基础上建筑阶梯式棱台，随后慢慢发展为今天这种朝天而立的锥形金字塔。

埃及共有金字塔80座，其中最为壮观的是胡夫金字塔。它建于公元前2600年左右，据说当时动用了10万人，用了20多年方才建好。胡夫金字塔高约146.5米，高度与一座30多层的楼房相当。塔身用230多万块平均重2.5吨的大石块叠积砌成，石块之间的缝隙很小，即便是一把锋利的刀片也无法插入。历经4600多年，胡夫金字塔现今仍傲视长空，巍峨壮观。

狮身人面像是胡夫金字塔的守护神，据说他的面孔是按照古埃及帝王胡夫的模样建造。守护神的整个身体是一只巨大的石狮，身高20米，长57米，4600多年来，狮身人面像一直守护在尼罗河畔的金字塔群中。

金字塔显示了古埃及人民的聪明才智。古代世界有“七大奇迹”，埃及金字塔位列“七大奇迹”之首。

二、劳动者最高贵

有了农民伯伯的辛勤劳动，我有了饭吃；
有了纺织工人的辛勤劳动，我有了衣穿；
有了建筑工人的辛勤劳动，我有了房住；
有了司机叔叔的辛勤劳动，我能乘车去上学；
有了老师、医生、警察、环卫工人的辛勤劳动，
我能……

城市的美容师

过目难忘

时传祥出生于贫苦家庭，14岁逃荒流落到北京城郊的一家私人粪场，当了掏粪工，一干就是20年，受尽压迫与欺凌。

新中国成立后，工人翻身做了主人，时传祥不但没有嫌弃掏粪工这一职业，

反而把它当成一项光荣的事业，继续从事掏粪工作，为人民服务，还被选为崇文区“粪业工人工会”委员。

在工作中，时传祥以身作则、以苦为乐，每日肩背粪桶走家串户，默默工作，还经常利用公休日，为居民、机关和学校义务清理粪便，整修厕所。

宁肯一人臭，换来万户香。就是这样一位普通的掏粪工人，他毫不利己、专门利人的崇高精神感动了世人。1959年，时传祥被评为全国劳动模范。

心中有数

资料显示，我国历年来堆积的垃圾已超过60亿吨，侵占了300多万亩的土地。全国600多座城市，有2/3正在被垃圾“包围”。2010年，国内某市城管局共处理生活垃圾95万余吨，相当于47.5万头成年大象的重量，平均每天处理相当于1300头成年大象重量的垃圾。

学而习之

1. 问一问你周围的清洁工，他们每天早上几点上班，下午几点下班？每天工作多长时间？

2. 回想一下自己有乱扔垃圾的坏习惯吗？你每乱扔一次垃圾，清洁工人就要为你弯一次腰去捡。

（1）若你所在的小区有5000人，清洁工有10人，平均每人每天扔3次垃圾，清洁工每捡一次垃圾弯一次腰。那么，每位清洁工一天平均要弯多少次腰？

（2）如果让你每天做题（1）中所求数值次数的弯腰动作，你能做到吗？估计一下自己能坚持多少天？以此感受乱扔垃圾给清洁工造成的辛苦。

3. 垃圾是放错地方的资源。请回答：

（1）垃圾被送入发电车间前首先要去除一些不能燃烧的物质，下列垃圾中的物质必须去除的是（　　）。

A. 碎玻璃　　B. 废纸屑　　C. 干电池　　D. 食品残留物

（2）垃圾焚烧发电与直接堆放或填埋的方式相比较，其优点是______________________、______________________。（写两点）

（3）下列各图标属于物品回收标志的是（　　）。

A　　B　　C　　D

（4）生活垃圾还可用于生产沼气（主要成分和天然气相同），沼气燃烧可用于供热或发电，其完全燃烧的化学方程式为：______________________。

（5）下列有关垃圾处理方法的说法，不正确的是（　　）。

A. 垃圾处理常用的方法是卫生填埋、焚烧、堆肥

B. 将垃圾分类回收是垃圾处理的发展方向

C. 填埋垃圾不需处理，只深埋即可

D. 焚烧垃圾产生大量污染空气的物质，故不益采用此方法

（6）可降解塑料是指在自然条件下能够自行分解的塑料。研制、生产可降解塑料的主要目的是（　　）。

A. 节省制造塑料的原料　　B. 便于加工

C. 扩大塑料的使用范围　　D. 解决“白色污染”问题

融会贯通

华山绝壁上的清洁工

西岳华山以奇险著称，每年约有200万人次的海内外游客前往华山攀登游览。为了维护景区的环境，一支由146人组成的环卫队，每天在华山各个区域进行保洁工作。

41岁的清洁工杨武军就是一个在绝壁上清理垃圾的高手。每天早上7点至下午6点，他都在自己负责的北峰“天梯段”工作。这段道路从御道口至擦耳崖上口，不足200米，但位于悬崖峭壁旁。这段路内有两个游客休息点，垃圾比其他路段要多。平时，杨武军每天能捡三四麻袋垃圾，节假日时每天能捡七八麻袋。

有时游客将垃圾随手扔向山崖，杨武军就必须绑着绳索，戴着安全帽，在两名工友的协助下，一点点下到悬崖石壁上，将垃圾捡起来，放到随身携带的垃圾袋里，再由工友慢慢拉上来。

从他4年前开始工作到现在，杨武军已记不清下了多少次悬崖了。只要看到石壁上有垃圾他就得下，最多的时候一天得下五六次。

如此“命悬一线”捡垃圾，让很多游客备受感动，很多人感慨道：“这辈子再也不能乱扔垃圾了！”

每当听到这话，杨武军都会觉得很快乐，他觉得自己的付出很有意义。

辛勤的园丁

过目难忘

进了幼儿园，一般每年会有2名老师和1名保育员教育和照顾我们，小班、中班、大班，这3年时间，会有9位老师教我们；上了小学，每年约有12位教我们不同课程的老师，6年就是72位；到了中学，每年约有13位教我们不同课程的老师，6年就是78位。

如此算来，从幼儿园小班到高三的15年间，直接教过我们的老师竟然多达160人左右。

心中有数

如果老师每天上2节课，每节课40分钟，其中讲课时间为30分钟，每天批改作业40本。那么，一年下来（节假日除外），老师至少要上390节课，需要站立15 600分钟，累计讲课时间为11 700分钟，至少批改7800本作业……

学而习之

1. 从幼儿园到现在，教过你的老师一共有多少位？

2. 如果每年我们上学的时间为195天（去除节假日），每天上8节课。那么，一年老师共给我们上多少节课？每节课老师站立40分钟，一年需站立多少分钟？每节课讲课时间为30分钟，一年累计讲课时间为多少分钟？

3. 请你分别写出一个关于尊师的故事、成语和名言。

4. 与同学们一起做一次情景模拟游戏：几组学生分别扮演老师和学生，扮演的学生中既要有“听话的学生”，也要有“调皮的学生”，看看会有什么样的结局。（通过角色扮演，学会换位思考，学会从老师的角度看问题，体会老师的用心。）

融会贯通

不容忽略的感动

清晨，我们走进学校，第一个见到的人往往就是学校的门卫；傍晚，我们走出学校，最后一个见到的人往往还是门卫。一年365天，一天24小时，门卫们轮流值班、巡逻，白天黑夜都是如此，他们是学校安全的守卫者。

勤劳的园艺工人是学校的绿色卫士。为花草树木松土、浇水、施药、修剪是他们的主要工作，校园里的一草一木无不包含着他们辛勤的汗水。没有他们，就没有我们美丽的校园。

每天，都会看到维修工人在校园中奔波的身影。他们在维护教室、办公室、多功能室中的设备，维修水、电、气和课桌椅、门锁、门窗等。有了他们的辛勤付出，才有了我们安全、舒适、便捷的学习环境。

也许你从未体会过他们的辛苦，也许你从未感受到他们的伟大。但是，离开了这些人的辛勤劳动，我们的生活与学习将会变得不可想象。

让我们对每一位在平凡岗位上默默付出的劳动者说一声：您辛苦了！谢谢！

三、干一行爱一行

随着社会的发展、科技的进步，人类的职业分工越来越细。许多国家都制定了符合本国国情的职业分类，广泛运用于经济信息交流、人口统计、就业服务、职业培训等领域……

职业分类有多少

过目难忘

72岁的老张，是北京东四北大街仅剩的一家修笔店的老板。小小的店铺，记载着老张修钢笔的55年岁月；细细的笔尖上，倾注着老张半生的感情和汗水。

一次性用笔和电脑的普及，使修笔市场大大萎缩，老张的修笔店也面临关张。

老张抚摸着相伴了他50多年修笔生涯的老马达，伤感地说："父亲传给我的这门手艺，可能要失传喽！"

心中有数

1999年5月颁布的《中华人民共和国职业分类大典》将我国职业归为8个大类，66个中类，413个小类，1838个细类（职业）。

目前，我国人力资源和社会保障部公布了12批122个新的职业，并将按社会的发展逐步更新。有数据显示，我国的职业种类现在已经超过2000个。

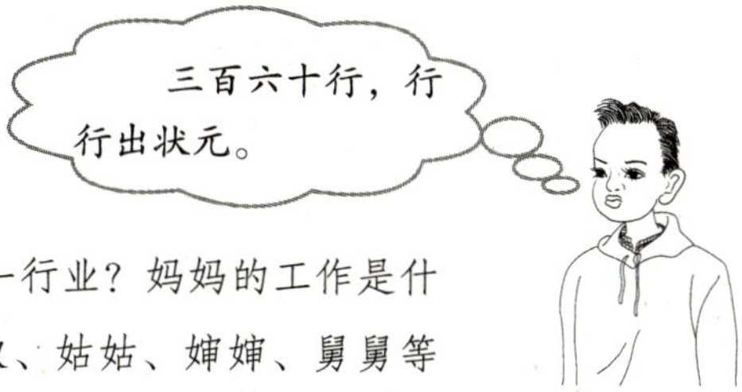

学而习之

1. 想一想，自己的爸爸从事哪一行业？妈妈的工作是什么？爷爷、奶奶、外公、外婆、叔叔、姑姑、婶婶、舅舅等亲人的工作各是哪一行业？

统计一下：

（1）上述你的家人中，共从事着几种劳动行业？

（2）与你接触的人中，共有多少个劳动行业？

2. 劳动成果是来之不易的，劳动的过程是艰辛的，我们应该尊重别人的劳动，珍惜一切劳动成果。为此，我们有必要利用周末和节假日这样去做：

（1）在烈日炎炎的夏天，到建筑工地去采访那些正在流着汗水劳动的建筑工人。

（2）到田间地头或者车间去，参观农民是怎么样劳作的，工人是怎样工作的。

（3）陪伴父母一天，从他们起床开始，一直到晚上休息，看看他们一天都干了些什么。

（4）当自己的一个小制作被同学或朋友损坏了的时候，先不要生气，慢慢体会自己的劳动成果被损坏了后的感受。

（5）我们经常对马路边的清洁工人不屑一顾，对垃圾清运工人避而远之，对那些白领阶层、商业人士则是内心充满友好和敬佩，其实各行各业的劳动者都值得我们尊敬和爱戴。结合所学知识，说说为什么各行各业的劳动者都值得我们尊敬和爱戴。

融会贯通

新三百六十行

“磨剪子来，戗菜刀……”曾几何时，这样抑扬顿挫、高亢悠长的吆喝声经常出现在我们的生活中，但现如今，在城市中已难觅它的踪影。不仅是“磨剪戗刀”这个职业离我们越来越远，诸如打字员、无线寻呼员、铅字排版工等很多“老行当”都在不经意间淡出了我们的视线。

与此同时，旅游体验师、微博运营专员、色彩顾问等一批新兴的职业随着社会的发展，应运而生。在新增加的职业中，“创意设计类”的职业较多，如形象设计师、景观设计师、家具设计师、房地产策划师等。另外，“顾问类”、“科技类”、“保健类”等职业也不断增加。

职业的新旧更替，更多地折射出社会的变化与发展。现代人的生活早已不再是追求“吃饱穿暖”那么简单，人们对生活品质和精神享受的需求与日俱增。一批新兴的“三百六十行”正随着社会的发展和科技的进步，逐渐浮出水面。

为什么会有人找不到工作

过目难忘

王波是某大学金融专业毕业生。金融专业主要的就业单位是银行，但他的性格相对内向，再加上读大学时有一门课程曾经挂科，所以他面试了五家银行，均遭到拒绝。之后，王波进入了一家私营企业，但是他觉得该企业工资太低，又没有发展前途，干了没多久就辞职了。随后半年多，王波又先后换了四五家企业，一直处于漂泊不定的状态……

心中有数

据人力资源和社会保障部数据，2013年全国高校毕业生达到699万人，是建国以来大学毕业生人数最多的一年。众多的毕业生人数，再加上全球范围内较为低迷的经济形势，导致本年度毕业生就业问题十分严峻，2013年也因此被贴上了“史上最难就业年”的标签。

学而习之

1. 调查显示，目前我国毕业生就业流向主要有五个方面：到党政机关的大概占1%；到事业单位的大概占10%(其中3/4是到教育和医疗单位)；到国有企业的大概占7%；读研或出国深造的占10%；其余70%左右的毕业生主要是到各类企业和城乡基层社会服务岗位就业或自主创业、灵活就业。

2013年我国高校毕业生数量为699万人，按照上述比例计算，2013年到党政机关、事业单位、国有企业就业，读研或出国深造，以及各类企业和城乡基层社会服务岗位就业或自主创业、灵活就业的毕业生人数各是多少？其中，到教育和医疗单位就业的人数是多少？

2. 小雪说：工作贵在“干一行，爱一行”，这是一种优秀的职业品质。

小刚却说：“树挪死，人挪活”，对于自己不适合的工作，尽早“跳槽”也不见得是件坏事。

请分别评价一下小雪和小刚两位同学的观点，并谈一谈，如何才能兼顾“干一行，爱一行”与“树挪死，人挪活”两种观点。

融会贯通

西邻五子食不愁

在明代学者、教育家吕柟（nán）所著的《泾野子内篇》一书中，记录了一则“西邻五子食不愁”的故事。

西邻老先生有五个儿子，但是其中三个儿子是残疾。长子质朴，次子聪明，三子目盲，四子背驼，五子脚跛。照常理来看，这家人的日子肯定很不好过。可是，西邻有方，他对自己的儿子各有安排：老大质朴，让他务农；老二聪慧，让他经商；老三目盲，让他按摩；老四背驼，让他搓绳；老五足跛，让他纺线。

这一家子人，各展其长，各得其所，过上了其乐融融的好日子。

零花钱，自个儿挣！

过目难忘

在商品经济社会，孩子也要会花销。据调查：

在美国，54％的青少年学生没有父母给的零用钱，稍大一些的中学生打工赚零用钱是正常现象。

在英国，孩童自5岁起即开始学习“钱从何而来”，7岁起开始学习“如何利用储蓄，以备日后之需”。

在新加坡，教育部、邮政储蓄和银行每年都开展全国性的校际储蓄运动。1992年，新加坡全国中小学生参加储蓄的百分比超过53％，平均每名学生大约有1144新元存款。

西方国家的孩子到了18岁，家长一般会让他们搬出去住。他们生活花销的90%要靠自己打工获取，想要零用钱，只能自个儿去挣！

心中有数

调查发现：我国的小学生中，零花钱来源于父母的约占70%，来源于爷爷奶奶或者外公外婆的超过20%，通过“帮助长辈做事”来获得零花钱的约有65％。在劳动方式的选择上，约63%的同学选择“做家务”，22%的同学选择帮助大人跑腿，如买馒头、洗衣粉等。

学而习之

1. 算一算。

（1）如果父母每天给你3元零花钱，那么，10年之中你从父母那里得到了多少零花钱？（一年按365天算）

（2）在饭店做洗盘工，按照每洗一个盘子挣2毛钱计算。要想还清父母给予的10年零花钱，共需洗多少个盘子？假如你每天平均能够洗200个盘子，共需洗多少天？

2. 思考一下，在家中干力所能及的家务，究竟是在“帮父母干活”，还是“自己作为家庭成员应尽的义务”？你是否赞成干家务需要父母付报酬的做法？

3. 反思一下自己零用钱消费是否合理。在此，向同学们推荐一些合理使用零用钱的小招数。

招数一：献爱心。拿出一部分零用钱帮助贫困儿童。

招数二：表孝心。为长辈、亲人买一份他们喜爱的礼物。

招数三：存银行。学会储蓄，以备不时之需。

招数四：买书报。提高素养，增长知识。

招数五：去旅游。开阔眼界，陶冶情操。

根据这些小招数，自己制订一个《零用钱合理使用计划》。

融会贯通

德国孩子零用钱的分配与使用

很多德国家长认为，让孩子学会对零用钱的支配，对他们成年以后的生活十分重要。调查发现，早接触零用钱的孩子，长大后融入社会的能力比没有此类经历的孩子强出许多。

大部分德国家长从孩子四五岁开始给他们零用钱，每周大约50欧分，这样一直会持续到孩子9岁。从孩子10岁开始，家长就改为按月给孩子零用钱。他们认为，这样更加有利于孩子学习对钱的支配和安排。至于零用钱的数额，家长们一般参照自身经济情况和其他孩子的平均水平来决定，做到给孩子的零用钱不多也不少。

金融界人士认为，12岁是建立个人账户的合适年龄，因为这个年龄的孩子已经有了多年支配零用钱的经验。德国一半以上银行允许满7岁的儿童建账户，但必须经过父母同意，由父母来确定最高取款额或最高消费额。银行严格规定，未成年人只能在账户现有额度内消费，不满18周岁不允许透支消费。

德国儿童消费分析报告曾对600万6 ～ 13岁儿童的生活习惯进行了抽样调查。调查显示，大多数孩子喜欢用零用钱买糖果、饮料和杂志，80%的孩子有存钱的习惯，他们不会一次把钱花光。

鲁班示斧教子自立

过目难忘

鲁班有一个儿子叫伢子。

伢子15岁时，有一天，鲁班问他："伢子，你已经不小了，想干点儿什么呢？"

伢子想了想，说："种地。"于是，鲁班就送儿子去学农活。只干了一年，伢子就回来了，对父亲说："种田太累，我可不干了！"

鲁班问："那你想干什么？"儿子说："我要去学织布。"于是，鲁班又送儿子去学织布。只干了一年，伢子又回来了，对鲁班说："织布这活儿忙死人，我不干了。"

鲁班问儿子："你究竟想干什么呢？"儿子很干脆地说："跟您一样，当木匠！"于是，鲁班又把儿子交给自己的大徒弟张班，让他专门教伢子练三年斧子。只干了一年，伢子又回家来了。

鲁班问他："又怎么了？"儿子说："师傅要求太严，活儿太苦了，这师傅心太狠了。"鲁班听了，严肃地对儿子说："不严，不苦，不狠，你能学出手艺吗？"

说着，鲁班从屋子的顶棚上取出一只箱子，里面装的都是他用过的斧子，每把斧子的把儿都磨出深深的凹，刃都磨平了。

鲁班指着整箱的斧子，对儿子说："伢子，你看我磨损了的这满满一箱的斧子。你连一把斧子都没磨到这个程度就不想干了，那怎么能学出手艺来呢？"

最后，鲁班又取出三把崭新的斧子，语重心长地说："伢子，要学到手艺，就得刻苦去练；不下苦功，什么也学不成。给你这三把斧子，你拿去练，它们的把儿攥不出凹，斧刃磨不到顶，就别回来见我！"

伢子只好提着斧子，又回到张班师傅那里去了。这回他可下了狠心，经过几年的勤学苦练，终于把木匠手艺学成了，也成为了一名能工巧匠。

心中有数

木匠做活儿，都有工日标准，叫做工眼儿。比如盖房子，就有个上七下八的工眼儿，即打做木架，平均每间房大约需要七个工日；门窗装修，平均每间房大约需要八个工日。

以前的木匠没有电动工具，做活儿都是手工操作。每次做活儿前，都要根据所要做的活茬儿，查选相应的工具。大部分工具都装挂在一只木制的工具箱内，木匠们叫它“家伙斗子”。木匠做活儿所用的主要工具多达28种，对应天上二十八星宿之数，如，大锯应亢金龙，锛子应奎木狼，搂锯子应娄金狗，墨斗应昴日鸡，小刨子应房日兔等。其他辅助工具就更多了。

学而习之

1. 想一想。

鲁班为什么不一开始就让儿子学木工？鲁班给儿子看一箱磨损了的斧子，用意是什么？

2. 算一算。

（1）木工张师傅有一块正方体木料，它的棱长为4分米，张师傅打算把这块木料加工成一个最大的圆柱体。请你计算一下，这个圆柱的体积是多少？木料的利用率是多少？

（2）如图，有一块不规则木料，只有AB一边是直线，木工王师傅想在这块木料上截出一块一组对边平行的木板。他用角尺在MN处画了一条直线，然后又用角尺在EF处画了一条直线，

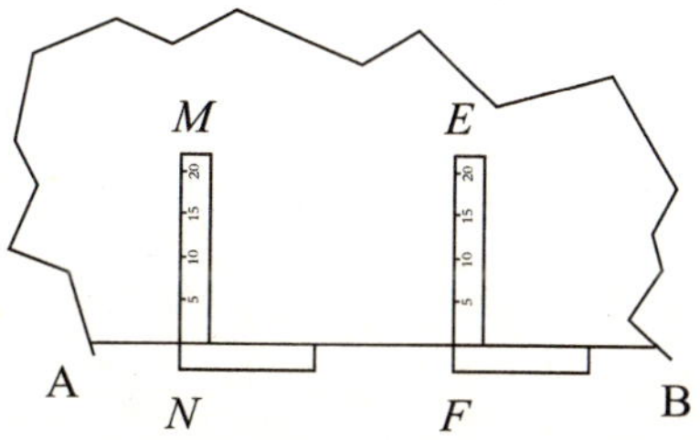

画完后用锯沿MN和EF两条直线锯开，就截出了一块有一组对边平行的木料。请你用所学的几何知识说明这样做的道理。

3. 做一做。

班里有的桌凳腿松动了，上课的时候总是“吱吱扭扭”地响，很影响老师上课的情绪和同学们听讲的质量。请争当一次小木匠，主动维修一下。

融会贯通

我的公司不需要你们

李嘉诚是全球最杰出的华人企业家，但是他从来都不娇惯儿子，他坚信：教孩子学会自立自强，学会做人处世，比给他金山银山要强百倍。

李嘉诚有两个儿子：李泽钜和李泽锴。在他们只有八九岁的时候，李嘉诚就会带他们参加董事会，一方面让孩子们列席旁听，另一方面让他们就某些问题来发表自己的见解。通过这种方式，两个孩子不仅学会了父亲“以诚信取胜”的生意经，而且分析问题和解决问题的能力也得到了很大提高。这段生活为他们今后事业的成功奠定了坚实的基础。

儿子们一天天长大，李嘉诚决定送他们出国留学。这个决定对于15岁的李泽钜和13岁的李泽锴来说，未免过于严酷，这意味着小哥俩

要离开父母，告别无忧无虑的家庭生活，独自面对陌生的环境，自己安排学习和生活。但是李嘉诚却坚定地认为：培养孩子自立就要给他们磨砺的机会。

后来，李泽钜和李泽锴都以优异的成绩从美国斯坦福大学毕业。他们向父亲表示想要在他的公司里任职，施展自己的才华，李嘉诚却断然拒绝了他们的请求："我的公司不需要你们！"兄弟俩愣住了，不解地问："爸爸，您有那么多公司，怎么就不能安排我们工作？"李嘉诚斩钉截铁地说："别说我只有两个儿子，就是有20个儿子也能安排工作。但是，我希望你们先去打自己的江山，让实践证明你们有资格到我公司来任职。"

于是，兄弟俩再次离开香港，来到加拿大，白手起家，一切从零做起，一个搞地产开发，一个去了投资银行。他们凭着从小养成的坚忍不拔的毅力克服了很多难以想象的困难，把公司和银行办得有声有色，成了加拿大商界出类拔萃的人物。而在他们创业过程中，李嘉诚则"冷酷"得几乎不近人情，什么都不管不问，任凭哥儿俩在商海里挣扎拼搏。

最终，李泽钜和李泽锴哥俩都成为了非常优秀的企业家，也获得了父亲李嘉诚的赞赏。

辛勤的小燕子

过目难忘

春天来了，农家屋檐下又有了新的燕子在筑巢。看，那小小的身影儿，每天都不知疲倦地飞来飞去，衔泥、衔草、筑巢，一趟，二趟，三趟……

燕子的巢是燕子把衔来的泥与草茎用唾液粘结而成，内铺以细软杂草、羽毛、破布等。据统计，为了构筑一个家巢，燕子要来回飞2万次以上。

心中有数

燕子是益鸟，主要以蚊、蝇和蝗虫、螟蛾、蝼蛄等农业害虫为主食。一只燕子平均每天捉害虫450 ～ 500只，一个夏天吃掉的害虫头尾相接排列起来，足足有1000米长！

一对家燕和它们的两窝雏燕，从4月到9月，180天中就能吃50万 ～ 100万只昆虫。照此计算，假如一亩地有5000株玉米，平均每株玉米上有一条虫子，那么，一窝家燕180天就能除掉100 ～ 200亩玉米地里的虫子，基本相当于15 ～ 30位农民喷药治虫的效果。

学而习之

1. 燕子一般在4 ～ 7月份繁殖，一对燕子每年可育雏两次，第一次一般产卵4 ～ 6枚，第二窝少些，为2 ～ 5枚。雌雄燕子共同饲喂。请计算：假如有人捕获了一对成年燕子，导致它们无法繁殖，那么这一年将会变相减少多少只燕子？想一想，这会变相增加多少位农民喷药治虫的工作量？

2. 一只燕子每天捉害虫450只，一只青蛙每天捉的害虫比燕子少20%。请问一只青蛙每天捉多少只害虫？

3. 人类的很多发明都是从动物身上找到的灵感。请根据对应关系连线。

电子蛙眼	人的大脑
雷达	青蛙
薄层建筑	蜻蜓“翅痣”
冷光灯	蝙蝠
“人工智能”计算机	萤火虫
飞机机翼加厚区	乌龟的背甲
潜水艇	蝉的保护色
迷彩服	海豚

4. 燕子为古人所青睐，经常出现在古诗词中，或惜春伤秋，或渲染离愁，或寄托相思，或感伤时事，意象之盛，表情之丰，非其他物类所能及。请填写以下描写燕子的诗词名句的作品出处及作者。

诗句	作品出处	作者
几处早莺争暖树，谁家新燕啄春泥。		
旧时王谢堂前燕，飞入寻常百姓家。		
无可奈何花落去，似曾相识燕归来，小园香径独徘徊。		
落花人独立，微雨燕双飞。		

融会贯通

辛苦耕作的老黄牛

谈起动物界的“劳模”，不仅仅只有小燕子，老黄牛同样也是辛勤劳作的典型。

在古代，牛是主要的耕作劳力。老黄牛有着朴实无华的外表，谦逊低调，一心耕作，吃得是草，拉的是犁，总是在默默地耕耘着。

很多文艺作品都对老黄牛进行了赞美。唐代散文大家柳宗元的《牛赋》，歌颂了牛勤劳、诚实、憨厚的品格；唐代韩滉的《五牛图》被誉为中国绘画史上十大传世珍宝之一；当代著名诗人臧克家的诗篇里，有一首诗就叫《老黄牛》：“块块荒田水和泥，深耕细作走东西。老牛亦解韶光贵，不等扬鞭自奋蹄。”

在人们的心里，老黄牛是忠于职守、任劳任怨的典型，是勤劳善良、艰苦创业的化身。

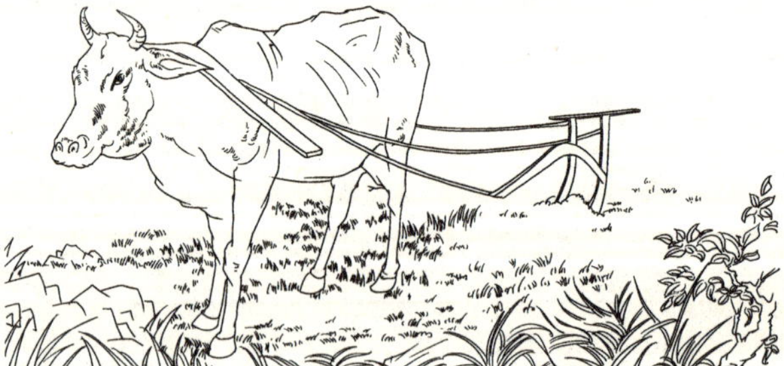

四、乐善好施　古今传颂

世界上一切都是相通的。你如果损害别人最后就会伤害自己，而帮助别人，最后真正成全的也是你自己。扶贫济困，乐善好施，自古以来就是我国的优良传统。

过目难忘

东汉光武帝时期的名臣宣秉，一生节俭，把大部分薪俸赠予贫苦亲族和孤寡之家，以致他谢世时，“自无担石之储”。

南北朝时北魏“良吏”阎庆胤任东泰州敷城太守时，正遇荒年，他“赈恤贫穷”，将自家千余石粟米捐出，帮助许多家庭渡过难关。

元代时德州齐河人士訾汝道，平日乐善好施，每逢灾年，必把自家积累的粮食分发给穷苦百姓，以善行闻名乡里。

心中有数

明清慈善活动的经济来源，除了“个人自愿捐资”之外，还有“分摊集资”和“抽取提成”两种较为常用的办法。“分摊集资”，即入会者平均分摊捐款项。

“抽取提成”，是根据各入会者生意和收入的大小、多少而定。

清光绪三十二年（公元1906年），苏州石业公所建立学堂兼办善举，其常年用款便是采用“抽取提成”的办法：由17家石作坊议定，“每做一千文生意，提出二十文；每工一日，捐钱四文”。

学而习之

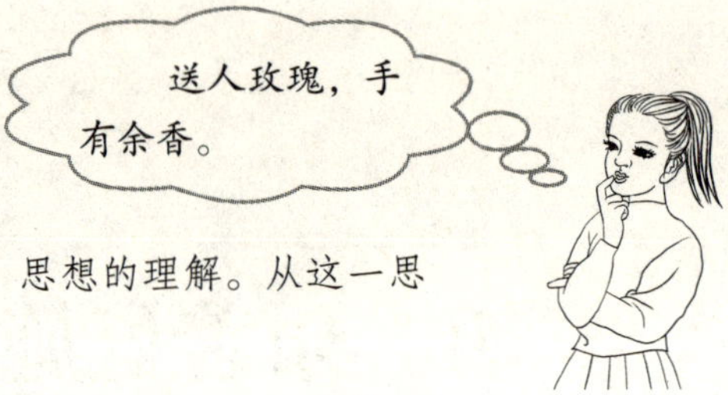

1. 谈一谈你对孔子“仁者爱人”思想的理解。从这一思想中，你能得到什么启迪？

2. 你知道现代有哪些乐善好施的名人吗？试举出两例。

3. 奉献社会、关爱他人是我国的传统美德。和大家一起交流探讨一下，现在我们可以从哪些方面去发扬和践行这一传统美德，并努力实践到我们的学习与生活中。

融会贯通

“爱”字是有“心”的

老祖宗传下来的“爱”字中间是有个“心”的。

“爱”，是一个会意字。简化前的“愛”字，上面一个“受”字头，示为一个人的双手，中间一个“心”字，下面是一个“友”字，整个字示意为：用双

手捧着一颗心，与朋友相连。其引申为爱是“心受”，是心与心的交流，无论是爱人还是被爱，都是用心来付出和感受。

有心为真爱，无心爱不真。爱是心的付出，需用心体会，用心呵护。不用心，是难以付出爱的，也不会得到真爱。

《尔雅》将“爱”解释为“惠”，道出了爱的本质——奉献。

简化了的“爱”字没有“心”，这就更需要我们给“爱”以真心。

在中国的传统文化典籍中，“慈”是“爱”的意思。在“慈善”意义上的敬老爱幼、扶贫帮困已成为中国人约定俗成的一种道德规范，有人将此视作慈善事业的雏形。与此相映成趣的是，中国的慈善思想源远流长，先秦时期的诸子百家对此都有过精辟的阐述。

五、报效祖国

我们都有一个家，名字叫中国。兄弟姐妹都很多，景色也不错。家里盘着两条龙，是长江与黄河，还有珠穆朗玛峰儿，是最高山坡。

我们都有一个家，名字叫中国。兄弟姐妹都很多，景色也不错。看那一条长城万里在云中穿梭，看那青藏高原比那天空还辽阔！

我们的大中国呀，好大的一个家！经过那个多少，那个风吹和雨打。我们的大中国呀，好大的一个家！永远那个永远，那个我要伴随她。中国，祝福你，你永远在我心里；中国，祝福你，不用千言和万语。

每当唱起这首《大中国》，每个中国人都会心潮澎湃……

过目难忘

1931年9月21日，矢志抗日的吉鸿昌将军被蒋介石逼迫下野，到国外“考察实业”。船到美国，吉鸿昌就接二连三地遭到意想不到的刺激，比如那里的头等旅馆不接待中国人，对日本人却奉若神明。

有一次，吉鸿昌要往国内邮寄衣物，邮局职员竟说世界上已经不存在中国了。吉鸿昌异常愤怒，刚要发作，陪同的使馆参赞劝道："你为什么不说自己是日本人呢？只要说自己是日本人就可受到礼遇。"吉鸿昌当即怒斥："你觉得当中国人丢脸吗？可我觉得当中国人光荣！"

为了抗议帝国主义者对中国人的歧视，维护民族尊严，他找来一块木牌，用毛笔在上面写上"我是中国人"几个大字，并在下面注上英文。他经常带着这块木牌，昂首阔步地走在围观的人群中，满带着骄傲。

心中有数

我们的祖国幅员辽阔，陆地面积约960万平方千米，占世界陆地总面积的1/15，仅次于俄罗斯和加拿大，居世界第三位。

中国大陆海岸线，北起辽宁鸭绿江口，南达广西的北仑河口，全长18 000多千米。在中国海域上分布着5400个岛屿，总面积3.87万平方千米。近海及毗邻海域包括渤海、黄海、东海、南海四海，海域总面积473万平方千米（1997年数据）。

中国地势西高东低，复杂多样，各类地形占全国陆地面积的比例分别是：山地33.3%，高原25%，盆地18.8%，平原12%，丘陵9.9%。长江是国内第一长河，全长6300千米，是世界第三长河；黄河是国内第二长河，全长5464千米。

根据2010年11月1日零时为标准时点的第六次全国人口普查登记数据，我国现有总人口为1 339 724 852人。我国有56个民族，汉族人口有115 940万人，占总人口的91.59%，其他少数民族有10 643万，占总人口的8.41%。在55个少数民族中，除回、满两个民族通用汉语外，其他53个少数民族都使用本民族的语言，其中有自己文字的民族有21个。

学而习之

1. 我国陆地面积为960万平方千米，其中山地、高原、盆地、平原和丘陵分别占33.3％、25％、18.8％、12％和9.9％。请计算：山地、高原、盆地、平原和丘陵的面积分别是多少平方千米？

2. 你会选择以下哪些方式来表达你的爱国情怀？（　　）【多选题】

A. 在国家利益受损时勇敢挺身而出。

B. 理性思考，从实际出发，做有利于国家和人民的实事。

C. 热爱中国文化，传承中华文明。

D. 维护国家利益，把国家利益放在第一位。

E. 从自己做起，从小事做起，从做好人开始做起。

3. 以下列举的表达爱国思想的行为，你亲身实践过的有（　）。【多选题】

A.与爱国相关的网络投票

B.以爱国为主题的签名活动

C.在即时通讯软件（QQ 等）上设置中国心的头像

D.更多地支持民族产业

E.弘扬爱国精神的游行活动

F.都没有

G.其他

4. 你认为怎样的爱国方式是理性的？（　　）【多选题】

A.尽量支持民族产业。

B.参加示威游行活动。

C.向周围的人宣传爱国主义。

D.抵制外国货。

E.仇视反对中国的国家和组织。

F.努力学习和工作，报效祖国。

融会贯通

我要回去报效我的祖国

我国当代杰出的科学家中有著名的“三钱”：钱学森、钱三强、钱伟长。他们都是出国留学后，怀着报效祖国的赤子之心回国的，其中钱学森的经历最为惊险。

1949年10月1日，新中国的成立使客居美国的钱学森心潮澎湃。他向夫人蒋英说：“祖国已经解放，我们该回去报效祖国了。”那时，钱学森已是世界范围内的著名科学家，夫人蒋英也在音乐界享有盛誉。但祖国的召唤使他们果断决定，放弃在美国的一切优越条件。

1950年8月，钱学森一家人准备乘坐加拿大班机离开美国。但是，美国司法部签署了逮捕令，钱学森失去了自由。当时美国海军次长金布尔声称：“钱学森无论走到哪里，都抵得上5个师的兵力。”1955年10月，经过中国政府在与美国外交谈判上的不断努力，钱学森终于回到了祖国的怀抱。

在美国的20年里，钱学森一直保留着中国国籍。他回忆说：“在美国，一个人参加工作，总要把他的一部分收入存入保险公司，以备晚年时用。我一块美元也不存，因为我是中国人，根本不打算在美国住一辈子。”

钱学森回国后，为我国导弹和航天事业做出了巨大贡献，被人们称为“导弹之父”、“航天之父”。钱学森用他的智慧为中国人争了气，也为我们的祖国争了光。

附录："学而习之"参考答案

爱护环境篇：大自然也是我们的亲妈妈

一、水是生命的源泉

活着需要多少水

1. 102.6×365=37 449（升） 1 300 000 000÷3×37 449=16 227 900 000 000（升）

2. C D

背着箩筐去装水

1. A B C 2. B

3.（1）5×2+5×4+2×8=46（元） （2）3月用水4立方米，4月用水11立方米。

4. 雨水的形成：陆地和海洋表面的水蒸发变成水蒸气，水蒸气上升到一定高度后遇冷变成小水滴，小水滴和空气中的尘埃混合成云，慢慢地积累，当它大到空气托不住的时候，就会从云中落下来，形成雨。

人工增雨的原理：人工增雨是在有降雨云的条件下，发射含有碘化银的火箭炮，火箭炮在云层中爆炸，使碘化银晶体撒在云层中，形成冰晶，促使雾滴凝聚成大水珠，降落成雨。或者发射干冰（固体二氧化碳），干冰在高空吸热（变成二氧化碳气体），加速水蒸气的凝结，原理和上面一样。

好好的水为啥不能喝了

1. 主要来源：工业废水、农业污水、生活污水、畜牧业污水等。 2. B

3.（3）（1）对已被污染的湖水未进行处理。（2）未治理污染，只是将污染转移了。

4.（1）自备购物袋或重复使用塑料袋购物。（2）多用肥皂或无磷洗涤剂。（3）尽量选购环保节能家电。（4）使用可降解环保餐盒，等等。

节水从我做起

1.（1）2.53% 0.26% （2）沉降 过滤 灭菌 （3）$AgNO_3$

2.（1）物理 放热 （2）数目 大小 距离 排列方式 （3）金属钠与水反应放出H_2，会发生爆炸。

3. 水通过三态变化，实现自身的天然循环。通过这一循环，既实现了水的自身净化，又完成了水资源的重新分配。

二、我们一刻也离不开空气

每人每天吸入多少空气

2.（1）A （2）A （3）C

空气污染害处多

1. B　　　　　　2. C

污染空气，有你的份吗

1. D

2. 氮的氧化物　硫的氧化物　悬浮颗粒物　氮的氧化物　硫的氧化物　悬浮颗粒物

关爱他人篇：我们都是一家人

一、伙伴伴我来成长

学会谦让，防止"螃蟹效应"

3.（1）B （2）$a_n=10^n$ （3）第5轮传达后有100 000人知道你的糗事。

二、远亲不如近邻

见邻居，你微笑了吗

3. 一个月：17×30=510（块次）　一年：510×12=6120（块次）

你家宠物别扰我

2. 15×10 000=150 000（千克）

不要惊醒邻居温馨的梦

1. 340米/秒　20～20 000赫兹　　2. B　　3. B

4.（1）从物理学的角度来看：噪声是发声体做无规则振动时发出的声音。

从环境保护的角度看：凡是妨碍到人们正常休息、学习和工作的声音，以及对人们要听的声音产生干扰的声音，都属于噪声。噪声是一类引起人烦躁或音量过强而危害人体健康的声音。

（2）噪声污染主要来源于交通运输，车辆鸣笛，工业噪声，建筑施工，社会噪声如音乐厅、高音喇叭、早市和人的大声说话等。

（3）声音单位：分贝　　措施：降低居民区小广场的音响声音，少去噪声大的地方，在室内的时候可以关窗、带耳机，窗户安双层窗等。

（4）① 控制噪声源。降低声源噪声，工业、交通运输业可以选用低噪声的生产设备和改进生产工艺，或者改变噪声源的运动方式（如用阻尼、隔振等措施降低固体发声体的振动）。

② 阻断噪声传播。在传音途径上降低噪声，控制噪声的传播，改变声源已经发出的噪声传播途径，如采用吸音、隔音、音屏障、隔振、多栽树等措施，以及合理规划城市和建筑布局等。

③ 在人耳处减弱噪声。在声源和传播途径上无法采取措施，或采取的声学措施仍不能达到预期效果时，就需要对受音者或受音器官采取防护措施，如长期职业性噪声暴露的工人可以戴耳塞、耳罩或头盔等护耳器。

5. 由于空气猛烈振动，产生冲击波和强噪声，噪声强度常超过140分贝，同时中耳及内耳均可遭破坏，致螺旋器、鼓膜和听骨损伤。

三、伸出温暖的手

4亿中国老人谁来照顾

1.（80−45）×2=70（次）

贫困儿童谁来救助

1. 以三口之家计算：1×3×12÷3=12（顿）

2.（1）$60\times\frac{2}{5}$=24（人）　$60\times\frac{3}{4}$=45（人）（2）24+45−60=9（人）

3. y=2×1000+500=2500（册）

奉献社会篇：让汗水在阳光下闪烁

一、劳动最光荣

劳动推动科技进步

1. 变压器　电磁波的传播与接收

2.（1）盐酸、硝酸（2）强酸　腐蚀　水　碳酸氢钠（3）+6　氧化

3. D

劳动创造文化繁荣

1. $y=10x（x\geqslant 0）$

2.（1）雪　岑参《白雪歌送武判官归京》

（2）2650+2000+1450+1300=7400（万元）

（3）利用最新的数字技术，创新文化传播方式，使优秀文化不仅能够更好地创作出来，还能够更广泛更便捷地传播出去。

劳动增强体质

1.（1）劳动能促进血液循环，带走体内垃圾，供给营养。（2）劳动使肌肉变得发达，筋骨粗壮，能够增强抵抗能力。（3）劳动可使神经系统反应更灵敏、更准确。

2.（1）动力　左心房　左心室　右心房　右心室

（2）① 4000÷（70×75÷60）≈46（秒）② 24×60×60÷46≈1878（遍）

③ 70×75×60×24＝7 560 000（毫升）

劳动创造财富

1. $70\,715 \div 47\,855 \approx 1.48$（倍）　　$70\,715 \div 46\,322 \approx 1.53$（倍）

   $70\,715 \div 36\,508 \approx 1.94$（倍）　　$70\,715 \div 23\,904 \approx 2.96$（倍）

2. $10 \times 10^8 \div 6800 \approx 147\,059$（美元）　　$147\,059 \times 6.23 \approx 916\,178$（元）

二、劳动者最高贵

城市的美容师

2.（1）$5000 \times 3 \div 10 = 1500$（次）

3.（1）A　C　　（2）减容效果好　有利于实现城市垃圾的资源化

（3）B　　（4）$CH_4 + 2O_2 \longrightarrow CO_2 + 2H_2O$

（5）C　　（6）D

辛勤的园丁

2. $8 \times 195 = 1560$（节）　$8 \times 195 \times 40 = 62\,400$（分钟）　$8 \times 195 \times 30 = 46\,800$（分钟）

3. 比如，故事：《程门立雪》　成语：尊师重道

   名言：为学莫重于尊师。——谭嗣同

三、干一行爱一行

为什么会有人找不到工作

1. 到党政机关就业的人数为：$6\,990\,000 \times 1\% = 69\,900$（人）

   到事业单位就业的人数为：$6\,990\,000 \times 10\% = 699\,000$（人）

   到国有企业就业的人数为：$6\,990\,000 \times 7\% = 489\,300$（人）

   读研或出国深造的人数为：$6\,990\,000 \times 10\% = 699\,000$（人）

   到各类企业和城乡基层社会服务岗位就业或自主创业、灵活就业的人数为：$6\,990\,000 \times 70\% = 4\,893\,000$（人）

   到教育和医疗单位就业的人数：$699\,000 \times \frac{3}{4} = 524\,250$（人）

零花钱，自个儿挣！

1.（1）$3 \times 365 \times 10 = 10\,950$（元）

（2）$10\,950 \div 0.2 = 54\,750$（个）　$54\,750 \div 200 = 273.75 \approx 274$（天）

鲁班示斧教子自立

2.（1）圆柱底面半径：$4 \div 2 = 2$（分米）

圆柱体积：$2 \times 2 \times 3.14 \times 4 = 50.24$（立方分米）

木料利用率：$50.24 \div (4 \times 4 \times 4) = 78.5\%$

（2）根据“平行线的判定，同位角相等，两直线平行”作答。

$\because MN \perp AB$，$EF \perp AB$，

$\therefore \angle MNB=\angle EFB=90°$，

$\therefore MN /\!/ EF$，

∴沿 MN，EF 锯开就截出了一块有一组对边平行的木料。

辛勤的小燕子

2. 450×（1−20%）=360（只）

3. 电子蛙眼——青蛙

雷达——蝙蝠

薄层建筑——乌龟的背甲

冷光灯——萤火虫

“人工智能”计算机——人的大脑

飞机机翼加厚区——蜻蜓的“翅痣”

潜水艇——海豚

迷彩服——蝉的保护色

4.

诗句	作品出处	作者
几处早莺争暖树，谁家新燕啄春泥。	《钱塘湖春行》	白居易
旧时王谢堂前燕，飞入寻常百姓家。	《乌衣巷》	刘禹锡
无可奈何花落去，似曾相识燕归来，小园香径独徘徊。	《浣溪沙·一曲新词酒一杯》	晏殊
落花人独立，微雨燕双飞。	《春残》 《临江仙·梦后楼台高锁》	翁宏 晏几道

五、报效祖国

1. 960万平方千米=9 600 000平方千米

山地面积为：9 600 000×33.3%=3 196 800（平方千米）

高原面积为：9 600 000×25%=2 400 000（平方千米）

盆地面积为：9 600 000×18.8%=1 804 800（平方千米）

平原面积为：9 600 000×12%=1 152 000（平方千米）

丘陵面积为：9 600 000×9.9%=950 400（平方千米）

后记

掩卷沉思，这三本小册子，从最初构思到出版发行，已有七个年头了。七年间，大量的调查研究，反复的论证修改，一件件、一幕幕犹在眼前……其中，凝结着许多人的汗水和智慧。

2011年11月～2012年7月，本书的创意、框架及核心内容大纲形成雏形，2012年12月9日修改完成。

2013年1～6月，山东师范大学张茂聪教授，带领张新颜、焦明、孟强、李成泉4位教师和寻焕儒、杨小凤、万延岚3位在校研究生，依据大纲要求，搜集了有关素材，创作了本书所需试题。

2013年1月～2014年2月，对体例、框架、内容、文字进行了再次修改和调整，形成了本丛书的初稿。

2014年2～3月，莱州市政府教育督导室办公室主任葛春森带领史秀玲、张卫庆、刘娜、彭慧、徐建华、吴艳华6位老师先后对书稿的有关内容进行了审读和论证，并对《家庭美德·孝德》和《学业道德·诚德》的有关文字内容进行了缩写。

2014年3～6月，再次征求有关专家和学者的意见，对书稿再度进行修改，形成了定稿。

2014年3月，本丛书的插图人物“善善”和“亮亮”的形象创意及绘制由山东省画院张德娜老师完成。

2014年3～6月，山东工艺美术学院苗登宇副院长、山东工艺美术学院数字艺术与传媒学院顾群业院长和张光帅老师根据“善善”和“亮亮”的创意形象，带领团队创作完成了本丛书的插图工作。

参加本丛书编写工作的专家和老师，认真负责，严谨细致，敬业专业，他们对中小学生德育教育的使命感和责任感，深深地感动着我。

本丛书从创意到完成，得到了许多领导、专家以及同志们的热情帮助和大力支持。山东省委常委、宣传部长孙守刚同志对本书的创作极为关心和支持，并为本书作序。山东广电网络集团纪委书记曲忠强，莱州市教育局局长、莱州一中校长蔡润圃等同志做了大量工作。在此，向他们表示深深的敬意和衷心的感谢。

本丛书的创意及体例是国内德育教育的一次创新尝试，因本人境界和水平所限，书中存有诸多难尽人意之处，敬请广大读者予以谅解和指正。

三年无节假，点滴汇成溪。愿本丛书能为广大青少年的健康成长带来帮助。

林建宁

2014年5月4日于济南

四德歌

1=D $\frac{4}{4}$

林建宁词
戚建波曲

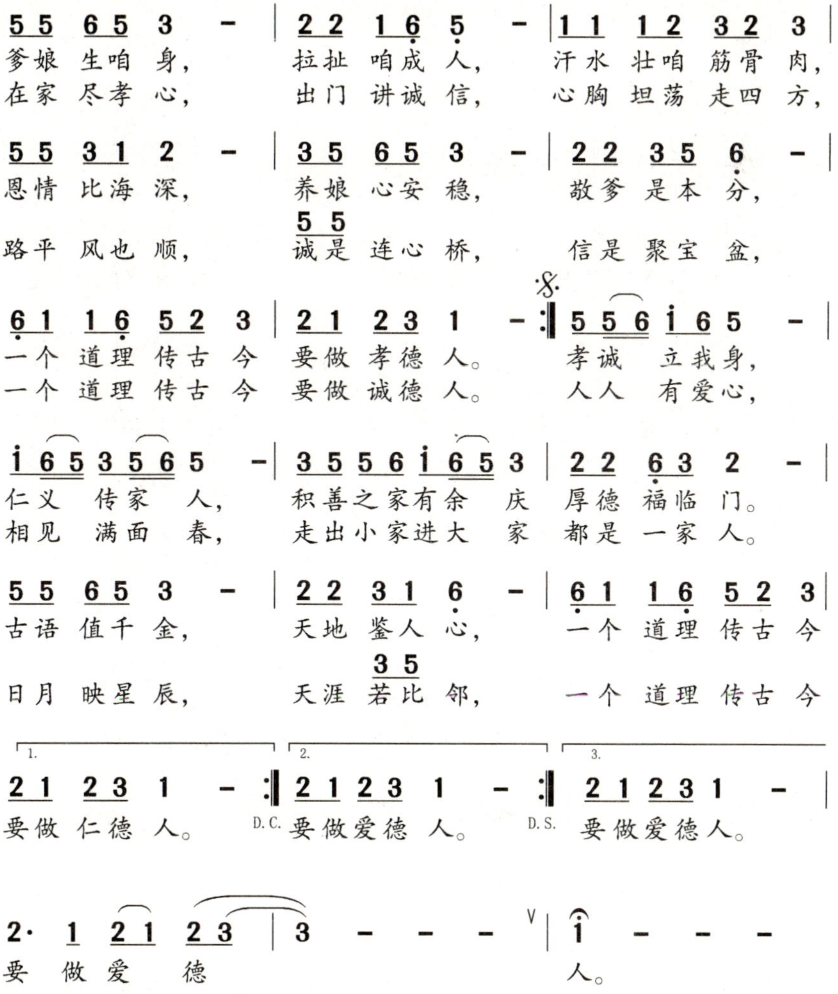

（根据《三德歌》改编）

守善念

1=bB　4/4　d=72

林建宁　词
戚建波　曲

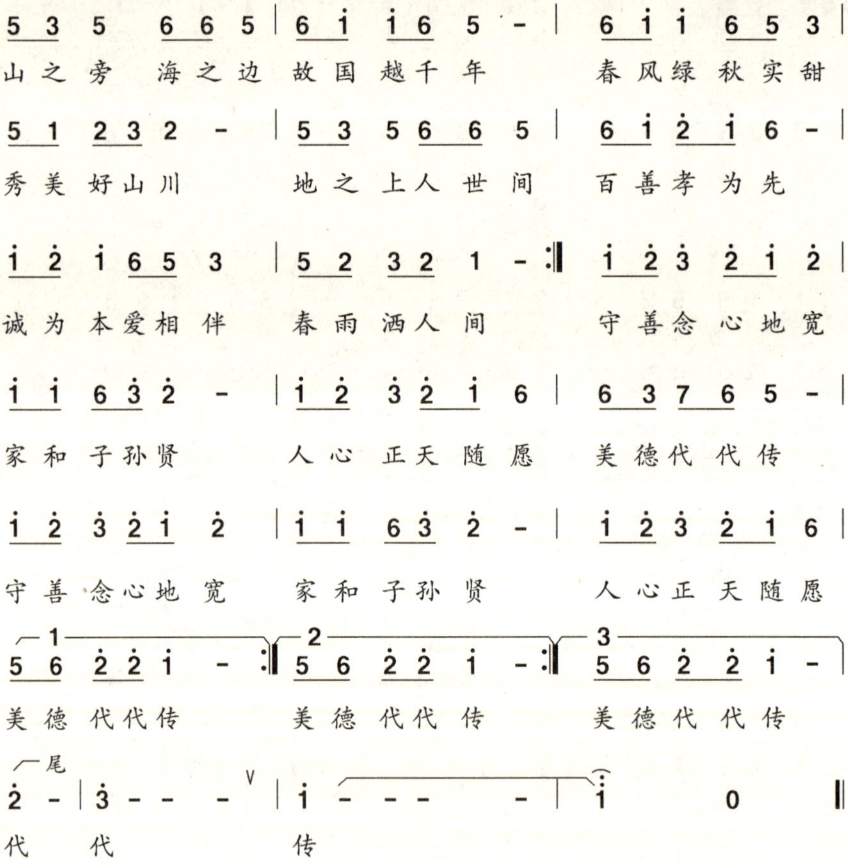

（根据《淄川好》改编）